Robert Hoeniger

Das Deutschtum im Ausland

Robert Hoeniger

Das Deutschtum im Ausland

ISBN/EAN: 9783955643591

Auflage: 1

Erscheinungsjahr: 2013

Erscheinungsort: Bremen, Deutschland

@ EHV-History in Access Verlag GmbH, Fahrenheitstr. 1, 28359 Bremen. Alle Rechte beim Verlag und bei den jeweiligen Lizenzgebern.

Aus Natur und Geisteswelt
Sammlung wissenschaftlich-gemeinverständlicher Darstellungen
402. Bändchen

Das Deutschtum im Ausland

Von

Robert Hoeniger

Copyright 1913 by B. G. Teubner in Leipzig.

Alle Rechte, einschließlich des Übersetzungsrechts, vorbehalten.

Vorwort.

Für unser Deutsches Reich ist die klangvolle Bezeichnung „Deutschland" ebenso berechtigt, wie das stolze Gemeinwesen jenseits des Ozeans, das sich selbst den Namen „Vereinigte Staaten von Amerika" gegeben hat, kurzweg „Amerika" genannt wird. Geschichtlich, geographisch, völkisch behält darum doch „Deutschland" noch einen anderen Sinn. Wie ein Blick auf die Sprachenkarte Mitteleuropas lehrt, schließt unser Reich die Mehrheit der deutschen Stämme in einem kraftvollen Staat zusammen, aber es umfaßt nicht alles „Deutsche Land". Deutschsprachige Bestandteile des alten Reiches sind politisch abgesondert. Millionen benachbarter Volksgenossen stehen unter anderer als reichsdeutscher Staatshoheit und sind dadurch unserem Gesichtskreis in gewissem Grade entrückt. Daneben gibt es in alle Weiten zerstreute Volksgenossen. Am 25. Jahrestag der Reichsgründung hat in zündender Rede der Kaiser ihrer gedacht: „Überall in fernen Teilen der Erde wohnen Tausende unserer Landsleute. Deutsche Güter, deutsches Wissen, deutsche Betriebsamkeit gehen über den Ozean." Mit staatsmännisch klarer Begrenzung hat der Kaiser die im Ausland weilenden Träger unserer weltwirtschaftlichen Bestrebungen als „das Größere Deutsche Reich" bezeichnet, das er fest an unser heimisches anzugliedern gewillt sei. Aber außer jenen Tausenden gibt es Millionen Deutscher in Übersee, die aufgehört haben, im staatlichen Sinne unsere Landsleute zu sein, die also nicht dem „Größeren Deutschen Reich" zugehören, und die doch „Deutsche" sind.

So ragt über das s t a a t l i ch geeinte „Deutschland": das geschlossene deutsche Sprach- und Siedelungsgebiet Mitteleuropas, das D e u t s c h l a n d der geographisch-völkischen Einheit mit weiter gesteckten Grenzen hinaus. Und neben dem räumlich verschwimmenden „Größeren Deutschen Reich" erhebt sich das auf den ersten Blick noch nebelhaftere Gebilde des „Größeren Deutschland". Das ist kein leeres Spiel mit Worten und Begriffen. Hinter diesen, scheinbar etwas spitzfindigen Unterscheidungen steht die eindrucksvolle Wirklichkeit von mehr als dreißig Millionen Deutscher, die staatlich unzweifelhaft vom Reich geschieden, aber volkskundlich ebenso unzweifelhaft der deutschen Volksgemeinschaft zuzuweisen sind.

Im Hinblick auf dieses vielartig gestaltete und unendlich weit verzweigte Deutschtum außerhalb des Reiches erhebt sich eine Fülle bedeutsamer politischer und nationaler Fragen, die die Öffentlichkeit daheim und draußen in steigendem Maße beschäftigen. Merkwürdig unsicher schwankt dabei oft genug das Urteil, weil zuverlässige sachliche Kenntnisse über Zahl und Geltung, Wesen und Haltung der Auslanddeutschen, sowie sicher begründete Vorstellungen über unsere Interessen und unsere Pflichten ihnen gegenüber noch immer nicht in wünschenswertem Umfang Gemeingut weiterer Kreise geworden sind.

Diese Lücke möchte das vorliegende Buch ausfüllen helfen. Es wendet sich allen Gliedern des Auslanddeutschtums zu, es will über ihre geschichtlichen Beziehungen zum Stammvolke, über ihre Entwickelung und ihre heutige Lage Kunde geben und zugleich zu zeigen versuchen, was diese Volksgenossen außerhalb des Reiches für die Stellung des Deutschtums in der Welt, für unsere Wirtschaft und Kultur und für unsere nationale Zukunft bedeuten.

Berlin, 8. Oktober 1912.   A. H.

Das Deutschtum in den vom neuen Reich getrennten ehemaligen Reichslanden.

An innerem Zwist ist das „Heilige Römische Reich deutscher Nation" zugrunde gegangen. Als nach schweren Wirren und Nöten dem deutschen Volk ein Retter erstand, da ward das neue Reich in sich gefesteter, aber in engeren Grenzen aufgerichtet. Die längst abgesonderten ehemaligen Reichslande, die Niederlande und die Schweiz sind von der Erneuerung unseres nationalen Lebens unberührt geblieben und nunmehr war auch Deutschösterreich aus der uralten Verbindung mit einem deutschen Gesamtstaat ausgeschieden.

Wie ist es in den ehemaligen Reichslanden dem Deutschtum ergangen und wie steht es dort heute mit ihm?

Die Niederlande. Die alten Niederlande umfaßten Holland, Belgien und Luxemburg. In der von den Hauptsitzen der Reichsgewalt entlegenen Nordwestecke Deutschlands hatte das Kaisertum nie besonders nachdrücklich sich zur Geltung gebracht. Das alte deutsche Laster der Eigenbrötelei tritt dort schon früh ausgeprägt hervor. Seit die Niederlande durch Erbgang den spanischen Habsburgern zugefallen waren, machte die Ablenkung von den gemeinsamen deutschen Interessen sich in steigendem Maße fühlbar. So ist es nicht gewesen, daß erst die selbstsüchtige habsburgische Hauspolitik diese Gebiete dem Reich entfremdet hätte. Die Sondergelüste der Provinzen sind schon kräftig entwickelt, bevor die habsburgische Herrschaft dort anhebt. Die 1548 auf dem „geharnischten" Reichstag zu Augsburg erfolgende Neuordnung, die die gesamten Niederlande im burgundischen Kreise vereinigte, schafft nicht eigentlich neues Recht, sondern bestätigt im wesentlichen alte Gewohnheit. Die Zusammenfassung erfolgte unter Bedingungen, die in Wirklichkeit bereits die Entlassung aus dem Reichsverband bedeuten. Den niederländischen Ständen gegenüber sprach die Regierung Karls V. von „Befreiung". Jedenfalls ist die neue staatsrechtliche Ordnung unter voller Billigung der niederländischen Stände aufgerichtet worden. Man fühlte sich dort in eigener Kraft und glaubte eines besonderen Rückhaltes am Reich entraten zu können. Andererseits war auch den deutschen Reichsständen die Lockerung der Beziehungen genehm. Man wollte nicht durch die Verpflichtung zum Reichsschutz der Niederlande in unbequeme auswärtige Verwickelungen hineingezogen werden. Nach Karls V. Abdankung trat Philipp II. von Spanien die Herrschaft des burgundischen Kreises an. Unter seiner Regierung brachte das Zusammenwirken des politischen Widerstreites von Monarchie und Ständetum mit den konfessionellen Gegensätzen den „Abfall der Niederlande". In achtzigjährigem Freiheitskampf haben die protestantischen Nordniederlande politische und religiöse Selbständigkeit erstritten.

Holland hat in seinem schweren Ringen vom Reich keine Unterstützung erfahren. Diese Niederdeutschen, die um das Reich sich längst nicht mehr gekümmert hatten, erinnerten sich in den Nöten des Kampfes plötzlich ihrer Reichszugehörigkeit. Es ist verständlich, daß das Reich als Gesamtheit für sie nichts getan hat. Das Reich war selbst konfessionell gespalten und der Kaiser war verwandtschaftlich mit dem spanischen Herrscherhause verbunden. Aber auch die großen protestantischen Teilmächte in Deutschland hielten sich vorsichtig zurück. Kursachsen und Kurbrandenburg waren lutherisch. Wie hätten sie den verhaßten Kalvinisten in Nordniederland beispringen sollen, zumal da es zugleich um einen Aufstand rebellischer Untertanen gegen die Obrigkeit sich handelte! So hinderten konfessionelle und legitimistische Bedenken eine tatkräftige Unterstützung des im Kampf mit Spanien stehenden niederdeutschen Bruderstammes auch seitens der lutherischen Reichsstände. Im deutschen Volke regte sich doch die Stimme des Blutes. In den deutschen Freistädten fanden niederländische Flüchtlinge eine Zuflucht. Deutsche Adelige und deutsche Söldner zogen den niederländischen Heeren zu und wurden dort willkommene Mitstreiter. Also Hilfe im kleinen; nicht eine große nationale Tat von deutscher Seite! Sehr viel wirksamere Förderung erfuhren die Nordniederländer von Frankreich und England. Das Beste haben sie selbst geleistet. 1648 ist dem nordniederländischen Freistaat die völkerrechtliche Anerkennung zuteil geworden.

Der burgundische Kreis war auseinandergerissen. Nur die südlichen, katholischen Provinzen, nahezu zur Hälfte von französisch redenden Wallonen bewohnt, verharrten als Rumpf des ehemaligen burgundischen Kreises unter spanischer Oberhoheit beim Reich. Die nach Volksart und Sprache geschlossen germanischen

Nordprovinzen bildeten, vom Reiche getrennt, die protestantische Republik der Generalstaaten. Schon in den Anfängen ihrer selbständig gerichteten Entwickelung waren die niederländischen Städte dem geschäftlichen Streben der deutschen Hansa vielfach unbequem geworden. Jetzt wurde der neue Freistaat reich und mächtig, eine stolz aufblühende Handels-, See- und Kolonialmacht, ein überlegener Mitbewerber im wirtschaftlichen Kampf auch für das deutsche Mutterland. Eine zunehmende Entfremdung war die unvermeidliche Folge.

Von Hause aus bildeten Friesen, Niedersachsen und Franken den Grundstock der niederländischen Bevölkerung. Das Volk hatte seine mundartlichen Besonderheiten wie andere deutsche Stämme auch. Aber noch im Anfang des 17. Jahrhunderts zweifelte niemand an seiner Zugehörigkeit zum Deutschtum. In der zu jener Zeit begründeten niederländischen Siedlung in Nordamerika, in Neuamsterdam, dem heutigen Neuyork, hatten in den ersten Jahrzehnten ihres Bestehens ein Deutscher aus Wesel und ein anderer aus Frankfurt a. M. das Gouverneursamt inne. Bis tief ins 17. Jahrhundert hinein wird Deutsch, Holländisch und Vlämisch nicht klar geschieden.

Aber in dieser Zeit beginnt doch die sprachliche Entwickelung auseinanderzugehen. Luther hatte eine gemeindeutsche Schriftsprache geschaffen, die Ober- und Niederdeutsche im Hochdeutschen einte. Die Nordniederlande, die mehr und mehr unter veränderte Lebensbedingungen traten, die vom eigentlichen Deutschland sich abwendeten, denen Zuzügler aus England und Frankreich und sonstige Fremde in größerer Zahl zuströmten, haben die hochdeutsche Schriftsprache nicht übernommen. Die Holländer lernten als eigenes Volk sich fühlen. Sie haben in der Welt aus eigener Kraft sich emporgerungen und dementsprechend ihr eigenes Wesen ausgeprägt. Ihren niederdeutschen Dialekt haben sie zu einer selbständigen Schriftsprache fortgebildet. Die alte Streitfrage, ob das heutige Holländisch eine deutsche Mundart ist wie die Sprache Fritz Reuters oder Klaus Groths, oder eine selbständige nationale Sprache, wird man im Sinne der holländischen Auffassung zu entscheiden sich bequemen müssen.

Wir sehen hier im hellen Lichte der Geschichte die Bildung eines neuen Volkstums sich vollziehen. Die Holländer sind in eine Entwickelung eingetreten, die sie aus dem damals in sich zusammenschrumpfenden deutschen Kulturleben herausführte bis zur Ausgestaltung einer neuen Erscheinungsform germanischen Wesens.

Es ist das uns am nächsten stehende germanische Volkstum. Aber seine eigene Schriftsprache weist ihm für jede Betrachtung, die die Sprache als das wichtigste Merkmal der Nationalität ansieht, einen vom Deutschtum gesonderten Platz zu. Der holländische Bauer hat nicht so weit von deutscher Art sich entfernt wie der Gebildete in der Stadt. Noch vor zwei Menschenaltern klang nach dem Zeugnis W. H. Riehls dem, der von Kleve nach Holland hinüberwanderte, in den Dörfern diesseits und jenseits der holländischen Grenze dasselbe unverfälschte niederdeutsche Platt entgegen. Aber nicht die Bauern, sondern die Gebildeten entscheiden über die Kulturwerte und die Kulturstellung eines Volkes. Und die führenden Elemente in Holland wollen derzeit — wir müssen es offen aussprechen — mit Deutschland nicht allzuviel gemein haben.

Dieses Holland ist heute nur ein Schatten seiner einstigen Größe. Vor Zeiten eine Großmacht, die eine führende Stellung im Welthandel einnahm, hat es nach mancherlei harten Schicksalsschlägen mit einer bescheideneren Rolle sich begnügen müssen. Die letzte Erklärung dafür ist in dem Umstand zu suchen, daß das Ausmaß von Land und Volk keine ausreichende Machtgrundlage gewährte. Holland ist von seiner Höhe herabgestiegen, weil es von dem angestammten Volkstum sich getrennt hat. — Die Holländer haben den Spieß umgedreht. Man hat die Deutschen angeklagt, daß sie dem Lande in seinem Kampf mit Spanien keine genügende Deckung gewährt hätten. Daher wäre die politische Verbindung mit den Westmächten und die Abwendung von Deutschland zur Notwendigkeit geworden. Zudem hat von alter Zeit her wirtschaftlicher Wettkampf Holländer und Deutsche in einen gewissen Gegensatz gebracht. Die verwandtschaftlichen Gefühle Hollands sind auch heute dem deutschen Volke gegenüber nicht gerade die allerherzlichsten.

Seit der Aufrichtung des neuen Deutschen Reiches sind die Holländer erregt und reizbar geworden. Ihre größte Sorge war, daß Mutter Germania noch einmal die Hand nach ihnen ausstrecken könnte. Solange der Altreichskanzler im Amt war, haben die radikalen Blätter in Holland den Appetit Bismarcks nach dem holländischen Käse als Schreckmittel für große Kinder benutzt.

Bei uns hat die Absicht einer Vergewaltigung Hollands niemals bestanden. Allerdings bedauern wir es mit gutem Grund, daß das Mündungsland des Rheins mit seiner seetüchtigen Bevölkerung dem deutschen Volkstum im engeren Sinne verloren gegangen ist. Heute dürfte in Holland die Befürchtung vor angeblichen reichsdeutschen Eroberungsgelüften hinter anderen Sorgen zurücktreten. Die Annexion Kubas und der Philippinen durch Nordamerika, der Burenkrieg und neuerdings das Schicksal der Türkei haben es vor aller Welt klargestellt, daß es wieder zugreifende Erobrermächte gibt, denen kein ungenügend geschütztes Recht heilig ist. Und ein solch ungenügend geschütztes Recht ist der noch immer hochwertige Rest des holländischen Kolonialbesitzes. In Holland regt sich das Verlangen nach einem waffenstarken Bundesgenossen. Alte Überlieferungen weisen in erster Linie auf England und Frankreich. Es machen sich in Holland wohl auch andersgerichtete politische Wünsche geltend. Das Übergewicht liegt offenbar noch auf seiten derer, die einer Verbindung mit dem Deutschen Reich widerstreben. Das trat in allerjüngster Zeit zutage, als in Holland die Frage der Seebefestigungen zur Erörterung stand. Der wohlerwogene Plan, Holland nicht gegen einen Vorstoß von der Landseite, sondern gegen einen Angriff von der Seeseite zu schützen, ist vorläufig von der Tagesordnung abgesetzt.

Von ungewissen Möglichkeiten kriegerischer Verwicklungen und ihren etwaigen Folgen braucht man vorzeitig nicht zu reden. Jedenfalls verwachsen im Frieden die Wirtschaftsinteressen Hollands immer enger mit denen des Deutschen Reichs. Heute besteht der weitaus größte Teil des holländischen Handels im Durchgangsverkehr von und nach dem Deutschen Reich. Amsterdam und Rotterdam sind die natürlichen Häfen für den deutschen Westen. Die beiden Plätze nähern sich infolge dieser nachbarlichen Verkehrsbeziehungen der Bedeutung unserer großen Hafenplätze Hamburg und Bremen.

Der Besitz der Rheinmündungen ist für Holland eine Quelle reichen Gewinns, für das Deutsche Reich schließt die Beherrschung seiner wichtigsten Binnenwasserstraße durch eine auswärtige Macht unverkennbare Gefahren ein. Für unser rheinisch-westfälisches Industriegebiet ist ein Ausgang nach dem Meer durch den Dortmund-Ems-Kanal geschaffen. Die Durchführung des Kanals bis zum Rhein würde uns für den Notfall von der Wasserstraße durch Holland unabhängig machen. Holland aber würde durch eine Umlenkung des westdeutschen Warenzugs auf das empfindlichste betroffen werden. Unter solchen Umständen könnte eine Zollunion zwischen Holland und dem Deutschen Reich als der vernünftigste Ausgleich erscheinen. Es wäre zugleich der Abschluß einer von der Natur gewiesenen Entwickelung. Vorerst sind die Aussichten für eine solche Verständigung gering. Ist doch selbst eine postalische Annäherung zwischen Holland und dem Deutschen Reich auf bisher noch unüberwindliche Hindernisse gestoßen.

Ziehen wir die Summe: Holland ist noch heute ausgeprägt germanisch, aber es ist nicht deutsch. Die wirtschaftlichen Verknüpfungen mit dem einstigen Mutterlande stehen für Holland in vorderster Reihe und auch die politischen Interessen weisen Holland doch wohl am ehesten auf das Deutsche Reich hin. Die Neigung zum Anschluß nach dieser Richtung wird in Holland um so mehr wachsen, je kräftiger das Deutsche Reich seine Seemacht entwickelt.

Belgien. Ähnliche Erwägungen haben, allerdings mit gewissen Einschränkungen, bezüglich Belgiens Geltung. Die Einschränkungen ergeben sich vor allem aus dem Umstand, daß Belgien ein national gemischtes Gebiet ist. Der südliche Teil des Landes ist von französisch redenden Wallonen bewohnt.

Belgien stand in seinen politischen Beziehungen zum alten Deutschen Reich mit Holland auf gleicher Linie. Erst der Abfall der Nordniederlande führte die vordem verschwisterten Landesteile auseinander. Belgien blieb nominell Reichsland. Nach dem Erlöschen der spanischen Habsburger ist Belgien in österreichischen Besitz übergegangen, in der großen Revolution in französischen. Die auf dem Wiener Kongreß erfolgte neue Verkoppelung Belgiens mit Holland ist in der Revolution von 1830 zerrissen worden. Seither hat Belgien die Rechte eines selbständigen neutralen Staates.

Das heutige Belgien steht kulturell weit überwiegend in französischer Abhängigkeit. Schon die Sprache des burgundischen Hofes zu Brüssel war französisch gewesen. Die spanische wie die österreichische Epoche hat das Französische nicht verdrängt oder beeinträchtigt. Seit der Zeit der Revolution und des napoleonischen Kaiserreichs ist der französische Einfluß im Lande nachdrücklich gesteigert worden, namentlich durch die lebendige Förderung, die in der Zeit der Kontinentalsperre der Industrie Belgiens zuteil wurde, und durch die tatkräftige Unterstützung Frankreichs bei der Begründung eines eigenstaatlichen Daseins. Seitdem hat die Französierung unverkennbare Fortschritte gemacht. Die besitzende und gebildete Oberschicht neigte ausgesprochenermaßen zu Frankreich. Nach ihren Absichten sollte durch die Begünstigung der französischen Sprache die Kluft vertieft werden, die Belgien von Hol-

land schied. Unter diesem Gesichtspunkt ist in der belgischen Verfassung das Französische zur Staatssprache erhoben worden. Belgien erscheint heute dem flüchtigen Besucher als französisches Land.
Aber Belgien ist in Wahrheit doppelsprachig. Die Vlamen haben sogar ein ziffernmäßiges Übergewicht über die Wälschen. Bei einer Seelenzahl von rund 7½ Millionen zählen die Vlamen annähernd 4 Millionen, die Wallonen etwa 3½ Millionen. Das Vlamentum war seit 1831 beiseite geschoben. Die Bevorzugung des Französischen brachte ihm schwere Nachteile. Eine empfindliche Zurücksetzung ergab sich schon daraus, daß die Vlamen ohne Kenntnis des Französischen von den Staatsämtern ausgeschlossen waren. Im Schulwesen wurde das Französische ungebührlich begünstigt. Es war sichtlich auf die Alleinherrschaft der französischen Sprache abgesehen. Obendrein wurde die vlämische Volkssprache als ein nur für die niedrigsten Kulturbedürfnisse zulänglicher Dialekt verhöhnt. Das hat schließlich die Vlamen aufgestachelt.
Die vlämische Bewegung setzte leise schon im ersten Jahrzehnt des selbständigen Königreichs Belgien ein. Zwei vlämische Schriftsteller, Jan Frans Willems und Hendrik Conscience, sind als die ersten begeisterten Sachwalter ihrer Muttersprache hervorgetreten. Durch Vereine, durch Zeitungen wurde das vlämische Volk wirksam bearbeitet. Die Vlamen haben, angeregt durch die neueren geschichtlichen Ereignisse, ein gewisses Anlehnungsbedürfnis an die deutsche Kultur bekundet. Ihr germanisches Selbstgefühl ist durch die deutschen Siege über Frankreich angefeuert worden. Das französische Prestige war herabgesetzt und zugleich wurde die Bewunderung für die deutschen Waffentaten und für germanisches Wesen geweckt. Während in Holland 1870/71 lebhafte Anteilnahme für Frankreich hervortrat, haben die Vlamen die deutschen Erfolge mitgefeiert. Sie hatten allen Grund dazu, denn ein Unterliegen der Deutschen hätte den belgischen Francillons ein erdrückendes Übergewicht in die Hand gespielt.
Das Jahr 1890 brachte eine entscheidende Wendung. Die 75 jährige Gedenkfeier der Schlacht von Waterloo schied Vlamen und Wallonen noch schärfer in zwei Lager. Vlamen, Deutsche und Engländer begingen die Siegesfeier. Die Francillons veranstalteten Protestkundgebungen gegen die „von Klerikalen und preußischen Unteroffizieren in die Wege geleitete lächerliche Machenschaft", gegen die Beleidigung für die Wallonen und für Frankreich, „unser unvergeßliches Vaterland". Die Erregung pflanzte

sich auch nach Frankreich hinein fort. Seitdem beginnt die Arbeit der Alliance Française in Belgien. 1891 wurde eine Section Belge begründet, die mit ihren Bemühungen am eifrigsten im vlämischen Gebiet eingriff. Die Absicht, die Vlamen zu französieren, trat unzweideutig zutage. Allen Widerständen zum Trotz hat die vlämische Bewegung sich durchgesetzt. Heute hat in Kirche und Schule, vor Gericht und in der Gemeinde, in Staatsverwaltung und Volksvertretung das Vlämische gleiches Recht mit dem Französischen erstritten. Wenigstens auf dem Papier. Aber die Beamtenschaft ist in ihrer ungeheuren Mehrheit französisch erzogen und gewöhnt, und die gesellschaftlich führenden Kreise sind ganz auf das Französische eingeschworen. Um solchen Verhältnissen gegenüber ihre Sache zu besserer Geltung zu bringen, erstreben die Vlamen eine eigene Hochschule. Das soll das Vlamenvolk heben, es wieder stark und groß machen. Es ist schwer zu sagen, ob und wann solcher Forderung Genüge geschehen wird. Die vlämische Sprache ist als Kultursprache dem Französischen nicht ganz gleichwertig. Das Vlamentum hat neuerdings die holländische Rechtschreibung übernommen. Das erweitert den Geltungsbereich der niederländischen Schriftsprache. Aber selbst unter Einrechnung der Buren bleiben die Träger dieser Sprache in ihrer Gesamtheit ein Kleinvolk, dessen vlämische Vertreter auch in Belgien der Weltstellung und den Kulturwerten der französischen Sprache gegenüber keinen leichten Stand haben. Gleichwohl darf man auf ein weiteres Erstarken der vlämischen Bewegung rechnen. Das vlämische Volk findet einen zuverlässigen Rückhalt bei seiner Geistlichkeit. Die vlämischen Pfarrer treten für die Forderungen ihres Volkes ganz ebenso ein, wie der Klerus in Tirol eine wichtige Stütze des Deutschtums im Kampfe gegen die Italienissimi geworden ist. Bezeichnenderweise geschieht das an beiden Stellen in rein katholischen Staaten. Unter allen Umständen bietet das nationale Erwachen des Vlamentums eine Sicherung gegen die fortschreitende Französierung Belgiens. Man wünscht vlämischerseits, ohne sich in politische Abhängigkeit zu begeben, ein gutes Verhältnis zum Deutschen Reich. Als im Oktober 1910 der Deutsche Kaiser den Besuch des belgischen Königspaares erwiderte, äußerten sich die französischen Zeitungen Belgiens wenig freundlich, die sozialistischen sogar feindlich. Die vlämische Presse hat den kaiserlichen Gast freudig und würdig begrüßt. Die „Vlaamsche Gazet" schrieb damals: „Wir werden uns wohl hüten, in die Falle zu laufen, die man uns von anderer Seite aufgestellt, die trachtet, Deutschland und Belgien in Uneinigkeit zu bringen. Das wird niemals geschehen." Der Empfang, der in Brüssel dem Deutschen Kaiser bereitet wurde, war trotz allen voraufgegangenen Zeitungslärms ein außerordentlich herzlicher. Sein in d e u t s ch e r Sprache ausgebrachter Trinkspruch ist nur von der Pariser Presse als ein „erstaunliches" Ereignis hingestellt worden.

Das Gesamtergebnis zeigt in Belgien ein entschiedenes Übergewicht der französischen Kultur. Die Vlamen sind Germanen wie die Holländer, aber — weil sie nicht mehr deutsch sind — haben sie der Gesamtheit der französischen Kulturwerte nur etwas an sich Bescheideneres entgegenzusetzen.

Es gibt in Belgien einen Bruchteil alteingesessener Deutscher. Sie wohnen in den Arondissements Dervier, Bastogne und Arles, in Anhängseln des oberdeutschen Sprachgebiets, das in kleinen Ausbuchtungen auch nach Belgien hineinreicht. Insgesamt sind es etwa 40 000 Deutschsprechende. In Arles besteht ein rühriger „Verein zur Hebung und Pflege der Muttersprache in Deutsch-Belgien". Ganz neuerdings ist wesentlich durch seine Bemühungen der deutschen Sprache in diesen Bezirken gesetzliche Beachtung und Anerkennung zuteil geworden. Belangreicher sind die deutschen Kolonien in den großen belgischen Handels- und Industrieplätzen, in Brüssel, in Lüttich, in Antwerpen. Antwerpen hat fast das Ansehen eines deutschen Hafens. Dort sind einzelne Zweige des Großhandels ganz in deutschen Händen. An allen genannten Plätzen gibt es vortreffliche deutsche Schulen, angesehene deutsche Vereine. Aber die Deutschen, die diese Einrichtungen stützen und tragen, sind Zugewanderte. Sie sind nicht bodenständig. Sie fallen unter den Begriff der deutschen Diaspora.

Hier sei nur noch angemerkt, daß für Belgien der Handelsverkehr mit dem Deutschen Reich in Einfuhr und Ausfuhr an erster Stelle steht. Der deutsch-belgische Gesamthandel überschritt 1911 750 Millionen Mark. Er hat den belgisch-französischen Handelsaustausch längst weit überholt.

Luxemburg. Luxemburg endlich hat eine eingesessene Bevölkerung reindeutschen Stammes von etwa 260 000 Seelen. Auch hier greift das hochdeutsche Sprachgebiet über die reichsdeutsche Grenze hinaus und die Ausbuchtung umfaßt das ganze Ländchen. Die Luxemburger sind Nachkommen derselben Väter, deren Söhne im

Mittelalter aus dem Moselland nach dem fernen Siebenbürgen gezogen sind und dort seit langen Jahrhunderten ihr Deutschtum so tapfer gewahrt haben. In ihrer Heimat haben die Luxemburger nicht die gleiche Volkstreue bewährt.

Luxemburg ist seit dem ausgehenden Mittelalter, wie Belgien, nacheinander unter spanische, österreichische, französische und holländische Herrschaft gekommen. In dem krausen politischen Gewirr und unter der Einwirkung der französisch gesinnten oberen Schichten ist jedes tiefere deutsche Empfinden dort stark zurückgetreten. Seit 1815 war Luxemburg dem deutschen Bunde angegliedert. Nach dessen Auflösung wurde Luxemburg ein selbständiger Kleinstaat. Luxemburg ist dabei im deutschen Zollverband verblieben und die Eisenbahnen stehen unter deutscher Verwaltung. Auch der großherzogliche Hof war unter dem letzten Fürsten, der freilich infolge schweren körperlichen Leidens wenig hervortrat, ausgesprochen deutsch. Aber die Staatssprache ist wie in Belgien französisch. Die Schule ist nur auf der Unterstufe deutsch, weil die Masse der Bevölkerung keine andere Sprache spricht. Aller höhere Unterricht ist durchweg zweisprachig. Das Französische wurde bislang sichtlich bevorzugt. Diesen luxemburger Deutschen schien jedes Verlangen nach einem festen Kulturzusammenhang mit dem deutschen Muttervolke abzugehen. Noch vor kurzem hat man sie als einen „toten Posten im Buche des Deutschtums" bezeichnet.

In jüngster Zeit hat sich in dieser Beziehung doch manches geändert. Es ist die Wirkung der Zollunion und der reichsdeutschen Verfügung über die wichtigsten Eisenbahnlinien, die auf die Dauer nicht ausbleiben konnte. Der weit überragende wirtschaftliche Einfluß des Deutschen Reiches macht sich immer nachdrücklicher fühlbar. Reichsdeutsche Waren beherrschen den Markt vollständig. Auch in der Industrie Luxemburgs, deren Schwergewicht im Bergbau liegt, hat das deutsche Element die Vorherrschaft an sich gebracht. Deutsches Kapital und deutsche Unternehmerkraft geben dem Ländchen Verkehr und Leben. Frankreich ist wirtschaftlich ausgeschaltet. Französische Blätter erklären, daß in Luxemburg für die Franzosen nichts mehr zu holen ist. Am erfreulichsten ist die Tatsache, daß die junge Intelligenz, die früher den Abschluß ihrer Studien ausschließlich in Frankreich suchte, in steigender Zahl den reichsdeutschen Hochschulen sich zuwendet. Man schätzt den Wert der deutschen Bildung und Wissenschaft allmählich richtiger ein. Auch die deutsche Kunst, namentlich die deutsche Musik, dringt siegreich im Lande vor. Sämtliche Zeitungen erscheinen in deutscher Sprache. Deutsche Arbeit und deutscher Geist haben sich in Luxemburg einen Platz erobert, und wir dürfen nachgerade hoffen, daß auch die Bevölkerung wieder zu deutschem Leben erweckt wird.

Die Schweiz. Die Eidgenossenschaft, eine Sonderbildung, wie es deren so viele auf deutschem Boden gab, hat genau wie die Niederlande schon früh sich auf eigene Füße gestellt und ihren staatlichen Pflichten gegen das Reich nach Möglichkeit sich entzogen. Auch hier hat sich in den Zeiten der Reformation und Gegenreformation die lockere Verbindung mit dem Reich endgültig gelöst. Im Westfälischen Frieden hat das Reich, wie für Holland, so für die Schweiz die in Wirklichkeit schon längst bestehende Lostrennung und die staatliche Unabhängigkeit als geltendes Recht hingenommen. Aber in der Schweiz ist, auch nach der staatlichen Absonderung vom Deutschen Reich, Land und Volk in seiner Hauptmasse deutsch geblieben. Die Schweiz, die stets in engster Verbindung mit dem deutschen Kulturleben verharrte, hatte die hochdeutsche Schriftsprache übernommen, und das hat die geistige Gemeinschaft niemals untergehen lassen. Die Eidgenossenschaft war von Haus aus rein deutsch gewesen. Sie hat in der Zeit ihres kraftvollen Aufblühens mit fremdsprachigen Gemeinwesen, wie z. B. mit Genf, Schutzbündnisse geschlossen, und sie hat romanische Gebiete erobert und zu Untertanenlanden gemacht. Vollberechtigte Eidgenossen nichtdeutscher Zunge gab es bis 1798 nicht. Erst in der Epoche der Französischen Revolution erlangten die französischen und italienischen Anhängsel des Bundes politische und nationale Gleichberechtigung. Schon seit 1815 ist die damals zum neutralen Staat erklärte Schweiz offiziell mehrsprachig, wie das heutige Belgien oder Österreich-Ungarn. Die Bundesverfassung von 1848 hat die drei Hauptsprachen, die deutsche, französische und italienische, als Nationalsprachen erklärt. Nur das Rhätoromanische oder Ladinische, das als vierte Sprache in der Schweiz heimisch ist, hat man dabei vergessen. Und man hat davon abgesehen, gesetzlich einen Vorrang für die einstige deutsche Staatssprache festzulegen. Mit Freiheit und Gleichheit glaubte man das allgemeine Wohl am zuverlässigsten verbürgt.

Das schöne Schweizerland hat in bescheidenem Rahmen sein Sonderdasein sicher und behaglich zu gestalten vermocht. Ohne die schweren Lasten der Großstaaten konnte es der friedlichen Entfaltung seiner Kräfte sich widmen. Das Schul- und Bildungswesen ist

12 Das Deutschtum in d. v. neuen Reich getrennten ehemalig. Reichslanden

musterhaft geordnet, Gewerbe, Handel und Verkehr sind in stetigem Aufstieg begriffen. Dazu locken die Wunder der Alpenwelt wie die Heilkraft der Bergluft einen gewinnbringenden Fremdenzustrom ins Land. Die Schweizer haben allen Anlaß, sich wohlzufühlen.

In nationaler Hinsicht erschien die Schweiz trotz ihrer Vielsprachigkeit bis vor kurzem als eine Musterstätte friedlichen Nebeneinanderlebens der verschiedenen Volksstämme. Das Ideal der Schweizer ist eine Mittlerstellung zwischen der deutschen, französischen und italienischen Kultur. Und tatsächlich haben auf Schweizer Boden die bemerkenswertesten internationalen Kulturbestrebungen eine Stätte gefunden. Man denke an die Genfer Konvention, an die internationalen Vereinbarungen auf dem Gebiete des Telegraphenwesens; der Weltpostverein hat seinen Sitz in der Schweiz, wie die Fäden der Weltfriedensbestrebungen dort zusammenlaufen. Aber das alles hat in der Schweiz selbst Störungen des nationalen Friedens nicht verhütet. Die Reibungen, die aus der Nationalitätenmischung sich ergeben, sind neuerdings auch dort stärker bemerkbar geworden.

Nach der Volkszählung vom Jahre 1900 hat die Schweiz eine Gesamtbevölkerung von rund 3 315 443 Seelen, davon sind:

2312949 deutsch = 69 v. H. der Gesamtbevölkerung
 730917 französisch = 22 „ „
 221 182 italienisch = 6,7 „ „
  36651 ladinisch = 1,2 „ „ „ „

Von den 22 Kantonen sind 15 deutsch, 2 (Genf und Waadt) französisch, 3 (Freiburg, Wallis und Neuenburg) überwiegend französisch, 1 (Tessin) italienisch, 1 (Graubünden) gemischt italienisch und ladinisch. Deutsche Minderheiten finden sich durchweg auch in den nichtdeutschen Kantonen. Aber wie der Vergleich mit früheren Volkszählungen ergibt, hat das deutsche Element dem französischen gegenüber Verluste zu verzeichnen. Das tritt besonders deutlich in den westschweizerischen Kantonen Wallis und Neuenburg hervor. In Tessin bringt das Italienertum vor, das auch in Graubünden Fortschritte zu verzeichnen hat, wo vordem die Ladiner Anlehnung an das deutsche Element suchten. Die Verluste erfolgen weniger durch Verschiebungen an der Sprachgrenze, als durch nationale Aufsaugung der auf welsches Gebiet übertretenden Schweizerdeutschen. Der Austausch in der Binnenwanderung gestaltet sich zugunsten der französischen Sprache.

Mit ruhiger Sachlichkeit hat Pfarrer Eduard Blocher-Zürich die einschlägigen Verhältnisse dargelegt. (Das Deutschtum im Ausland. Heft 11, 1912. S. 528 ff.) Er zeigt, daß mehr Schweizerdeutsche in das französische Sprachgebiet wandern, als französische Schweizer in das deutsche. Die Welschen, die dauernd auf deutschem Boden sich festsetzen, sind in der zweiten Generation doppelsprachig. Sie lernen deutsch, aber sie halten auch ihre französische Muttersprache fest. Sie kommen meist in die Städte. Französische Kirchengemeinden, französisches Vereinswesen halten sie dort national zusammen. Die Welschen also werden auf deutschem Boden nur halb gewonnen. Die Deutschen geraten auf welschem Boden in Gefahr, ihre Nationalität ganz zu verlieren. Sie legen größeren Wert auf die Erlernung des Französischen, passen sich leichter an, gehen rückhaltloser über. Es handelt sich bei diesen Binnenwanderungen meist um kleine Leute. Die Deutschen reden ihre Schwyzer Mundart; bei den Welschen hat seit der Reformation die französische Schriftsprache sich entschiedener durchgesetzt. So tritt hier die französische Schriftsprache dem deutschen Dialekt gegenüber, und das macht den Kampf ungleich. Es kommt die Wirkung der innerpolitischen Umgestaltung der Eidgenossenschaft hinzu. „Vor 1798 kam der deutsche Auswanderer in welsches Gebiet als der staatsrechtlich Bevorzugte, als ein Glied jener Eidgenossenschaft, die für die Welschen entweder Obrigkeit oder Schützerin war. Er war der Träger des Staatsgedankens; gab er seine Muttersprache auf, so paßte er sich dem für geringer geachteten Volksteil der Schweizer an. Seit der Rechtsgleichheit ist er ein fremder Gast." Endlich bleibt noch zu erwähnen, daß das zielbewußte Vordringen der französischen Sprache z. T. durch die eidgenössischen Behörden begünstigt wird. Wenn vorerst der Nationalitätenstreit in der Schweiz noch keine schrofferen Formen angenommen hat, so ist das nur der friedfertigen Haltung der starken deutschen Mehrheit zu danken. Unser Gewährsmann urteilt: „Der Schweizerdeutsche ist am meisten geneigt, den anderen entgegenzukommen, sich anzupassen und anzubequemen, die Sprachen der anderen zu lernen und am wenigsten irgendwie Zwang oder Rücksichtslosigkeit zu üben." Nationale Duldsamkeit für die anderssprachige Minderheit lebt nur auf deutscher Seite. Dagegen wird jede leise Regung **deutschen** Volksbewußtseins bei einem Schweizer als politisch gefährlich gebrandmarkt. Ein anonymer Autor äußerte kürzlich in den „Grenzboten", er habe vor Jahren einen wegen seiner scharfen

Junge gefürchteten Züricher sagen hören: „Ja, sehen Sie, daß wir Schweizer Deutsche sind, das ist ein — Staatsgeheimnis, das jeder kennt, und wer es ausspricht, ist ein Landesverräter." Auch in der Schweiz spuken in einzelnen Köpfen Besorgnisse vor angeblichen reichsdeutschen Macht- und Eroberungsplänen. Endlich sträubt sich der „Republikanerstolz" des Schweizerdeutschen gegen die Hinneigung zu einem monarchischen Staat. Der Schweizerdeutsche ist der zuverlässigste Hüter des eidgenössischen Staatsgedankens. Nur der französische oder der italienische Schweizer schielt hie und da über die Grenze und spielt mit dem Gedanken eines Anschlusses an die Volksgenossen außerhalb der Schweiz. Der Schweizerdeutsche ist fast ängstlich bemüht, einen solchen Verdacht nicht aufkommen zu lassen.

Bei alledem ist auch heute der deutsche Grundcharakter der Schweiz noch unversehrt. Niemals ist die kulturelle Verbindung der Schweiz mit Deutschland unterbrochen worden. An der Entfaltung der deutschen Kultur hat die Schweiz stets mit dem deutschen Mutterland gleichen Anteil gehabt. Unter den Wegbereitern unserer klassischen Literatur haben Schweizer den Vortritt gehabt. Unser Schiller gilt der ganzen deutschen Schweiz als Nationaldichter. Der Professorenaustausch ist zwischen der Schweiz und dem gesamten Deutschland eine alteingebürgerte Einrichtung. Immer von neuem erwächst aus den Reihen des Brudervolkes der deutschen Dichtung, der deutschen Kunst, der deutschen Wissenschaft unmittelbarer Gewinn. Gottfried Keller, Konrad Ferdinand Meyer, Jacob Christoph Heer, Ernst Zahn, Arnold Böcklin, Karl Stauffer-Bern, Ferdinand Hodler, Jakob Burckhardt, Johann Kaspar Bluntschli u.a.m. sind Zeugen unlösbarer schweizerischer und deutscher Gemeinschaft auf allen Gebieten geistigen und künstlerischen Schaffens. Kein Zweifel, daß auf dem Boden der heutigen Schweiz auch der Welsche sein gutes Recht hat. Wie die deutsche Schweiz ein Stück deutschen Kulturgebietes ist, so macht der enge Zusammenhang von Sprache und Kultur die Westschweiz zu einer französischen Provinz. Kein Deutscher hat je an der Betonung dieser Auffassung Anstoß genommen. Früher hat niemand das gleiche Verhältnis für die deutsche Schweiz angezweifelt. 1841 schrieb ein Züricher, Orelli, in der Vorrede eines wissenschaftlichen Werkes: „Und mit diesem kleinen Denkmale erfülle ich eine heilige Pflicht gegen meine Nation, die deutsche; denn in allem Geistigen, Wissenschaftlichen, Künstlerischen bildet Deutschland und die Schweiz nur ein Volk." Damals war Deutschland lediglich ein geographischer Begriff. Als zwei Menschenalter später Professor Ferd. Vetter-Bern in ähnlichem Sinne sich äußerte, da gab es einen seltsamen Widerhall. Es war 1902, bei der Jubelfeier des Germanischen Museums zu Nürnberg. Vetter sagte: „Im Schweizervolk gibt es viele, die vergessen haben, daß unsere Vergangenheit die gleiche ist wie die des alten großen Deutschen Reiches, daß Karl der Große und die Nibelungen auch uns gehören, daß die Vorbilder unserer ehrwürdigsten und großartigsten Baudenkmäler in Ulm und Hirsau stehen, daß wir geistig Deutsche sind und Deutsche bleiben wollen. ... Dieser Zugehörigkeit wollen wir uns freuen. Die Schweiz ist in geistiger Beziehung eine deutsche Provinz — allerdings mit bedeutenden Reservatrechten. Sind wir auch politisch abgetrennt von den deutschen Stämmen, von der deutschen kulturellen Entwickelung trennt uns nichts.. Wenn Gottfried Keller sagte, daß man „Schweizer sein darf und Deutscher sein muß", so sagen wir: „Als Schweizer sind und bleiben wir Deutsche!"" Daraufhin hagelte es Vorwürfe gegen Vetter in der welschen Presse, selbst deutschschweizerische Zeitungen wandten sich gegen ihn. Dreihundert Berner Studenten brachten ihm eine Katzenmusik und die Berner Professorenschaft sprach ihr „Bedauern" über die Haltung des Kollegen aus. Als gegenüber all diesem wüsten Lärm Professor Vetter von seinem Lehramt zurücktreten wollte, lehnte die eidgenössische Regierung das Rücktrittsgesuch allerdings ab. Ein Teil der schweizerischen Presse entdeckte nachträglich, daß Vetter nichts anderes gesagt habe, als Gottfried Keller und andere hervorragende Schweizerdeutsche auch. So ging der Vetterkrieg wie das Hornberger Schießen aus. Aber der Vorgang ließ doch deutlich die französischen Neigungen maßgebender Kreise in der Schweiz erkennen.

Eine ruhige Betrachtung wird nicht übersehen dürfen, daß altgeschichtliche Einflüsse zugunsten der französischen Sprache und des französischen Wesens gewirkt haben. In den gebildeten Kreisen hatten die Beziehungen zum Kalvinismus eine Förderung der französischen Sprache gebracht. In den Massen erhielten altgewohnte Solddienstverbindungen die französischen Sympathien wach. Bis 1789 gab es eine Reihe schweizerischer Fremdenregimenter in Frankreich. Von erheblicher Bedeutung war weiter das langdauernde Übergewicht der französischen Kultur und die starke politische Beeinflussung, die in der Epoche der Revolution ihren Höhepunkt erreichte und namentlich in den tieferen Schichten die

Hinneigung zu Frankreich stärkte. Die Hauptsache ist doch, daß die welschen Schweizer unter lebhafter Unterstützung von seiten ihrer Volksgenossen in Frankreich eifrig bestrebt sind, ihrer Sprache und Nationalität erhöhte Geltung zu verschaffen. Hier lebt ein angriffslustiger Geist. Und derselbe Geist beherrscht die italienische Propaganda. Gleichgeartete deutschnationale Absichten gibt es in der Schweiz überhaupt nicht, und selbst die Verteidigung wurde auf deutscher Seite bislang meist schwächlich und matt geführt.

Nur in den gebildeten Kreisen der deutschen Schweiz wird neuerdings ein ehrliches und klares Deutschbewußtsein lebendiger betont. Nicht im Sinne eines Wunsches nach politischer Gemeinschaft mit dem Deutschen Reich, aber im Sinne der Aufrechterhaltung und Festigung der alten Kulturbeziehungen. Aus diesen Kreisen heraus ist 1904 der deutsch-schweizerische Sprachverein begründet worden. Sein Obmann ist der oben angeführte Pfarrer Eduard Blocher-Zürich. In ihm lebt der Stolz auf die vollberechtigte Zugehörigkeit des Schweizerdeutschen zum deutschen Volkstum. „Auslandsdeutschtum" — so sagt er — „ist die deutsche Schweiz nur für denjenigen, der deutsch und reichsdeutsch verwechselt. Sie ist alter deutscher Sprachboden, größtenteils seit den Tagen der Völkerwanderung deutsch, ihre Städte schon blühende Mittelpunkte deutschen Lebens und deutscher Bildung, als Berlin und Leipzig noch slawische Dörfer waren.... Das Deutschtum ist hier ebensogut zu Hause wie in Dresden, Hamburg oder Wien. Es ist hier nicht im Ausland, denn es ist nicht aus dem Reich hereingetragen worden." Die Ausführungen sind nach der geschichtlichen Seite hin unbestreitbar. Nach ihnen müßte dieses Büchlein einen anderen Titel haben, etwa: „Das Deutschtum außerhalb des heutigen Deutschen Reiches". Aber ein solcher Titel hätte sein volles Recht nur, wenn die Darstellung lediglich unter dem Gesichtspunkt der reinen Deutschkunde geschrieben wäre. Unsere Darstellung hält die Begriffe deutsch und reichsdeutsch streng auseinander, aber sie geht vom Standpunkt des reichsdeutschen Betrachters aus. Gewiß gibt es weite Gaue auch außerhalb des Reichs, in der Schweiz und anderwärts, in denen der Deutsche sich als solcher voll heimatberechtigt fühlen darf. Aber von der Alleinherrschaft oder auch nur von der unbedingten Vorherrschaft der deutschen Sprache ist im staatlichen Leben außerhalb des Deutschen Reiches nirgends die Rede. Unsere Volksgenossen draußen leben in national gemischten Staatsbildungen, oder in gänzlich fremder Umwelt und unter fremder Staatshoheit. Sie haben selbst in der Schweiz und in Österreich nicht mit einem deutschen Nationalstaat zu rechnen. Auch Blocher sieht mit einer gewissen Sorge in die Zukunft. Er verkennt nicht, daß der neuschweizerische Patriotismus im Verein mit der modernen Durcheinanderwürfelung der Bevölkerung das deutsche Sprachgut ernstlich gefährden könnte. Man redet in der Schweiz dem Gedanken das Wort, daß jeder Staatsangehörige die drei Landessprachen sich aneignen solle. Praktisch wäre die Wirkung die, daß nur der Deutsche sich gewissenhaft bemühen würde, Französisch und Italienisch zu lernen. Blocher kommt zu dem Schluß: „Dränge die Auffassung durch, so könnte die Folge sein, daß man in den Lehrbüchern der Erdkunde in hundert Jahren lesen würde, die Schweiz zerfalle in drei Sprachgebiete, ein italienisches, ein französisches und ein dreisprachiges."

Der düstere Ausspruch ist offenbar als eine besonders eindringliche Warnung an die Schweizerdeutschen gedacht. Auch wir haben keine Veranlassung, die ernste Sachlage zu vertuschen. Es steht bei den Schweizerdeutschen, ob das Zukunftsbild sich verwirklicht. Die Klarblickenden unter ihnen begreifen allmählich, was ihre Nachfahren dabei aufgäben. Unter allen Umständen ist es von Nutzen, wenn die Gefahr erkannt und klar gekennzeichnet wird. Wir können nur wünschen, daß in den deutschen Kantonen nach den Absichten des deutsch-schweizerischen Sprachvereins die Liebe zur deutschen Sprache und Art, die Freude am Deutschtum gepflegt und gestärkt werde.

Eine Bürgschaft für solche Hoffnung bietet die enge geistige Gemeinschaft, die tatsächlich zwischen der Schweiz und dem deutschen Volkstum ungebrochen fortbesteht. Nicht minder gewichtig erscheinen die wirtschaftlichen Beziehungen, die die Schweiz in erster Linie auf das Deutsche Reich hinweisen. Dabei spielen die Verkehrsmöglichkeiten eine entscheidende Rolle. Die Schweiz hat eine Besonderheit, die in diesem Zusammenhang Erwähnung verdient. Sie hat wie Luxemburg und Serbien keinen Zutritt zum Meere. Der schweizerische Handel muß den Weg zunächst durch fremdes Land nehmen, durch Frankreich, Italien, Österreich oder durch das Deutsche Reich. Am bequemsten öffnet sich das Schweizer Bergland nach der reichsdeutschen Seite. Nach dieser Richtung verlaufen die zahlreichsten Bahnlinien, vor allem die Wasserstraße des Rheins. Die geplante Stromregulierung des Rheins bis Basel und die

Schiffbarmachung von Aare, Reuß und Limmat werden das günstige Verkehrsverhältnis nach der deutschen Seite noch erheblich steigern. Der etwas abenteuerliche Plan einer Kanalverbindung zwischen Bodensee und Comersee, der für die Schweiz einen Ausweg nach dem Mittelmeer schaffen soll, ist jedenfalls unendlich viel schwerer zu verwirklichen als die Schiffbarmachung des Rheins bis zum Bodensee. Selbst ein Wasserweg vom Genfer See nach dem Neuenburger See und von dort durch die Aare in den Rhein wäre technisch leichter herzustellen als die Wasserverbindung nach dem Süden. Tatsächlich gehen Getreide und Petroleum aus Rußland und Rumänien und Getreide aus Argentinien und den Vereinigten Staaten auf dem Wege über Holland rheinaufwärts nach der Schweiz. Und die Hauptmasse der Schweizer Industrieausfuhr ist gleichfalls auf die Wasserstraße des Rheins angewiesen. Das läßt schon der Standort der wichtigsten Industrieplätze des Landes erkennen. Sie liegen in den dem Reich zugekehrten Kantonen: Basel, Zürich, Luzern und St. Gallen. Es ist also nicht nur der Hauptteil der Schweiz geistig eine „deutsche Provinz". Die Schweiz ist auch verkehrspolitisch deutsches Hinterland. Und endlich kommt noch ein anderes in Betracht. Die Schweiz hat einen hochentwickelten Fremdenverkehr. Eine halbe Million Fremder besuchen jährlich die Schweiz. Sie lassen nach neueren Berechnungen dort annähernd eine Viertelmilliarde Mark. Die Reichsdeutschen stellen den stärksten Bruchteil der Besucher. Die deutschen Gäste könnten ein gut Teil zur Geltendmachung der deutschen Sprache in der Schweiz beitragen. Sie brauchten nur deutsch zu reden und zu fordern, daß im Verkehr mit ihnen die deutsche Sprache gebraucht werde. Was der Engländer überall in der Welt hinsichtlich seiner Sprache für selbstverständlich hält, das könnte der Deutsche mindestens auf deutschem Sprachgebiet für zulässig erachten. Er hülfe damit den deutschen Besitzstand wahren. Und deutsch zu reden wird in einem sprachlich umstrittenen Gebiet für den Deutschen zur Pflicht.

Die deutsche Frage in Österreich. Die habsburgische Monarchie ist als die starke deutsche Vormacht gen Südosten erwachsen. Es war letzten Endes ein Sieg der kulturellen und militärischen Überlegenheit des Deutschtums. Deutsch-Österreich, das im Bereich des osteuropäischen Völkergewirrs als die am festesten gefügte Macht sich erwies, errang dort das entscheidende Übergewicht. Darauf beruht Österreichs Ansehen in der Welt. Nach dieser Richtung liegt seine große geschichtliche Sendung. Mit einem Ruck ist dieses Österreich, das ganz in inneren Wirren sich zu verzehren schien, das beinahe als Großmacht nicht mehr mitzählte, wieder in die Reihe der großen bestimmenden Mächte eingerückt, seit Aehrenthal den mutigen Vorstoß auf dem Balkan wagte. Unbestritten und unbestreitbar hatte bei der ganzen geschichtlichen Entwickelung Österreichs das Deutschtum die Führung. Der Kern Österreichs ist in der Ostmark Karls des Großen zu suchen; auf dem Boden der mittelalterlichen deutschen Kolonisation ist Österreich erstarkt. Allerdings war die Eindeutschung selbst in den zum alten Deutschen Reich gehörigen österreichischen Kronlanden nicht gleichmäßig durchgeführt. Aber die Fremdsprachigen bildeten lange Zeit überall die Niederung der Bevölkerung. Den Habsburgern, die in Kärnten und Tirol, in Böhmen, Mähren und Schlesien die Herrschaft erst antraten, als die mittelalterliche Kolonisation ihren Höhepunkt überschritten hatte, lag der Gedanke einer planmäßigen Durchdringung der fremdvölkischen Elemente mit deutscher Kultur fern. Das Haus Habsburg folgte ganz den Antrieben, die an den anderen Höfen wirksam waren, wenn es im 16., 17. und 18. Jahrhundert vornehmlich auf Abwehr religiöser Spaltungen und auf Festigung der unbeschränkten Herrschermacht bedacht war. Gerade im Hinblick auf das bunte Völkergemisch ihres Staates galt dem Herrscherhause der katholische Einheitsglaube als ein unentbehrliches Bindemittel. Und dem dynastischen Interesse hat man ganz nach den Gepflogenheiten damaliger Staatskunst das nationale Moment hintangestellt.

Trotz alledem schießt das Urteil, daß Habsburg Verrat am Deutschtum geübt hätte, über das Ziel hinaus. Gewiß hat Habsburg am Deutschtum sich versündigt. Die Unterdrückung des Protestantismus hat dem deutschen Österreich ein gut Teil seiner gesunden Kraft geraubt. Und unter den alten österreichischen Verwaltungsgepflogenheiten hat etwas von gedankenloser Leichtlebigkeit und gemütlichem Gehenlassen sich eingenistet. Das sind Schädigungen, die in der Oberschicht der Bevölkerung — und die war vorzugsweise deutsch — lange nachwirkten. Sie haben jene politische Zerfahrenheit und Unentschlossenheit gezeitigt, die namentlich in der Phäakenstadt Wien als österreichische Besonderheit so oft hervortrat. Aber bewußt deutsch-feindliche Absichten des offiziellen Österreich sind erst in den Schwankungen der letzten Jahrzehnte mit der zeitweiligen Begünstigung slawischer Ansprüche zutage getreten, seit Österreich aus dem Deutschen Reich sich ausgeschlossen sah und gerade die Deutschen in Österreich den dringendsten Staatsnotwendigkeiten sich widersetzten. Soviel wird man allerdings sagen müssen: rein deutsch-nationale Gesichtspunkte haben die habsburgische Politik nie bestimmt und werden sie in Zukunft erst recht nicht bestimmen. Denn heute tritt der Herrscher notwendig in den Dienst seines Volkes. Der Hohenzoller, der in Rumänien regiert, oder der Koburger, der in Bulgarien die Krone trägt, muß in erster Linie rumänische, beziehungsweise bulgarische Interessen sich zu eigen machen. In Österreich-Ungarn hat nach diesem Grundsatz die Dynastie die sehr verschiedenartigen Wünsche bunt zusammengewürfelter Nationalitäten zu beachten. Ein rein deutscher Zentralismus ist menschlicher Voraussicht nach in Österreich ausgeschlossen. Wohl aber läßt sich erwarten, daß in Österreich das deutsche Element wieder die Stellung erlangt, die seiner tatsächlichen Bedeutung entspricht. Zumal da eine solche Stellung des Deutschtums ebenso dem wohlverstandenen Interesse des Gesamtstaates wie der Dynastie am besten dient.

Österreich zählte 1910 unter 27 963 872 Landeskindern 9 950 266 mit deutscher Umgangssprache, 35,58 v. H. der Gesamtbevölkerung. Schaltet man Galizien, Bukowina und Dalmatien aus, die Länder, die nicht dem alten Deutschen Reich angehörten, so ist der Fortschritt des Deutschtums unverkennbar. In den ehemaligen deutschen Bundesländern Österreichs hat die Gesamtbevölkerung sich im letzten Jahrzehnt um 8,95 v. H. vermehrt, die Zahl der Deutschen aber um 10,25 v. H. 1900 betrug der deutsche Bevölkerungsanteil dieses Gebietes 51,63 v. H., 1910 ist er auf 52,23 v. H. gestiegen. Die mehr als 9$^{1}/_{2}$ Millionen der hier ansässigen Deutschösterreicher zerfallen in zwei Gruppen. Die eine, in Ober- und Niederösterreich und in den Alpenländern, umfaßt 6 Millionen, die andere, in den Sudetenländern, 3$^{1}/_{2}$ Millionen. Diese 9$^{1}/_{2}$ Millionen gehören insgesamt, mit Ausnahme einiger Sprachinseln in den Alpen, in Böhmen und Mähren, dem geschlossenen deutschen Sprach- und Siedlungsgebiet an. Der Rest, $^{1}/_{3}$ Million Deutscher, verteilt sich auf die übrigen Kronländer. Sie sitzen zum größeren Teil in den Städten, in freien Berufen, als Vertreter von Handel und Industrie, als Beamte und Angehörige der Armee.

Man sieht deutlich, daß das Deutschtum in Österreich eine ganz eigenartige Stellung innehat. Alle anderen Nationalitäten sind in der Hauptsache auf ihre alten Stammsitze beschränkt. Auch sie senden Auszügler aus, meist in die großen Städte und in die Industriegebiete. Aber sie sind nicht in allen Teilen der Monarchie zu finden wie die Deutschen. Allein die Deutschen umspannen mit ihren nationalen und wirtschaftlichen Interessen das gesamte österreichische Staatsgebiet.

Den 10 Millionen Deutschen stehen rund 18 Millionen Anderssprachiger gegenüber, davon sind 17 Millionen Slawen und eine Million Romanen. Die Romanen bilden eine geringe Minderheit. Italiener und Ladiner fallen nur in Südtirol und im Küstenland ins Gewicht, die Rumänen in der Bukowina. Die Slawen haben in ihrer Gesamtheit ziffernmäßig das Übergewicht über die Deutschösterreicher. Aber diese Slawen bilden weder sprachlich, noch konfessionell, noch politisch eine geschlossene Einheit. Keine der slawischen Sprachen ist allen Slawenstämmen glatt verständlich. Es ist eine oft bespöttelte Tatsache, daß auf slawischen Kongressen die verschiedenen slawischen Völker zum Deutschen ihre Zuflucht nehmen mußten als der einzigen Sprache, die eine allseitige Aussprache ermöglichte. Mit leidenschaftlicher Erbitterung führen die Tschechen den nationalen Kampf gegen die Deutschen. Mehr und mehr dringt die gleiche Stimmung unter den Südslawen, namentlich bei den Slowenen durch. Die österreichischen Polen, deren Domäne Galizien ist, sind außerhalb dieses Landes weit vorsichtiger. Sie haben andere politische Ziele als die Tschechen und die Südslawen. Die Tschechen sind begeisterte Verehrer Rußlands. Sie lassen sich in dieser Hinneigung auch nicht durch das griechisch-katholische Bekenntnis der Russen stören. Die Polen sind eifriger römisch-katholisch, und der russische Zweig der Polen fühlt obendrein den Druck des Zarenreiches am eigenen Leib. Das wirkt auch auf die österreichischen Polen zurück und scheidet sie politisch von den Tschechen. Den griechisch-unierten Ruthenen vollends stehen die galizischen Polen als Bedrücker gegenüber. Diese beiden Slawenstämme scheidet ein tödlicher Haß auf Grund des tiefgehenden sozialen Gegensatzes. Auch die Südslawen stehen konfessionell in verschiedenen Lagern. Slowenen und Kroaten sind römisch-katholisch, die Serben griechisch-katholisch. Politisch erstreben die Südslawen den selbständigen südslawischen Staat; das trennt sie von den Nordslawen. — Aus solchen Zwiespältigkeiten erklärt es sich, daß bislang alle Bemühungen in Österreich, einen Zusammenschluß im panslawistischen Sinne zu erzielen, noch ohne rechtes Ergebnis geblieben sind.

Es handelt sich also streng genommen nicht um eine geschlossene Kampfschar von 17 Millionen Slawen, sondern um:

6 435 983 Tschechen, Mähren u. Slovaken = 23,02 v. H. d. Ges. Bev.
4 967 984 Polen . = 17,77
3 518 854 Ruthenen . = 12,58
1 252 949 Slowenen . . = 4,48
  783 334 Serben und Kroaten = 2,80

So angesehen, sind die 10 Millionen Deutscher auch der numerisch stärkste Volksstamm des Donaustaates. Aber wollte man selbst die Gesamtheit der Slawen den Deutschen entgegenstellen, die nackte Zahl entscheidet doch auch in unserem demokratisch angehauchten Zeitalter nicht alles. Der Tscheche, der Pole, der Südslawe bedeutet nicht dasselbe wie der Deutschösterreicher. In kultureller Beziehung braucht das nicht erst umständlich erwiesen werden. Da bietet schon das starke Übergewicht der Analphabeten auf slawischer Seite einen Maßstab. Ganz ebenso klar ist das gleiche Verhältnis in wirtschaftlicher und sozialer Hinsicht ausgeprägt. Hier gibt die direkte Steuerleistung, „in der alle Quellen wirtschaftlicher Kraft in Ziffern gefaßt zusammenfließen", ein völlig klares Bild. Die sozialökonomische Stellung der Deutschösterreicher wird durch die Tatsache gekennzeichnet, daß sie 64 v. H. der direkten Steuern aufbringen, obgleich sie nicht ganz 36 v. H. der Gesamtbevölkerung ausmachen. Nach den Berechnungen Rauchbergs zahlt ein Deutscher in Österreich durchschnittlich fast doppelt soviel Steuern wie ein Tscheche, $4^{1}/_{2}$ mal soviel wie ein Pole und 6 mal soviel wie ein Südslawe.

Gleichwohl hat unverkennbar in den letzten zwei Menschenaltern die Stellung des österreichischen Deutschtums sich gründlich verschoben. Im alten Österreich war das Deutschtum die anerkannt führende Macht. Der Vorrang der deutschen Sprache und Kultur war unbestritten. Der Hof, die Verwaltung, das Heer waren deutsch. In den Städten war für alles, was über die tiefsten Schichten hinausragte, das Deutsche die selbstverständliche Umgangssprache. Was an fremdsprachlichen Zuzüglern in die Städte zog, trat weit überwiegend in deutsche Dienste, und es wurde in Wien, in Graz, in Brünn und Prag, selbst in Lemberg und Czernowitz ganz ebenso wie im nordböhmischen Kohlenrevier unter der Einwirkung der überlegenen deutschen Kultur sehr rasch eingedeutscht.

Das ist allmählich anders geworden. Scheinbar sind es die politischen Umgestaltungen von 1848 und 1866, die das alte Österreich innerlich umformten. Im tiefsten Grunde haben die Mächte des modernen Lebens, der liberale und der nationale Gedanke und die zunehmende Industrialisierung, den Umschwung herbeigeführt. Die ersten Spuren moderner Beeinflussung treten in Österreich seit 1848 hervor. Aber während überall sonst liberale und nationale Ideen in engster Gemeinschaft wirkten, ist in Österreich der nationale Gedanke mit aller Schärfe zunächst nur bei den Slawen durchgebrochen. Das kulturell herrschende deutsche Element verfocht lediglich die abstrakt liberalen Grundsätze; nationale Forderungen für das Deutschtum gab es nach Lage der Dinge nicht. Der deutschösterreichische Liberalismus zielte auf die freiheitliche und einheitliche Ausgestaltung des Gesamtstaates. Hätte man in vollem gegenseitigem Vertrauen mit der Dynastie sich zusammengefunden, so wäre in formaler Beziehung die verfassungsrechtliche Vorzugsstellung der deutschen Sprache zu sichern gewesen. Aber dieser deutschösterreichische Liberalismus bekämpfte doch auch den Absolutismus, und damit setzte er sich zwischen zwei Stühle. Das führende deutsche Element begeisterte sich für die politische Freiheit und übersah nur, daß gerade damit die eigene nationale Stellung in Gefahr kam. Karl Lamprecht erhellt die verzwickte Sachlage mit einem kurzen Satz. „Der Liberalismus, weil demokratisch, widersprach im Grunde der hergebrachten aristokratischen Stellung der Deutschen, war aber gleichwohl für sie, als unabweisbarer Bestandteil der Kultur eines deutschen subjektivistischen Zeitalters, höhere geschichtliche Notwendigkeit." Die tieferen slawischen Schichten bekundeten jedenfalls eine gesündere Selbstsucht, wenn sie ihrerseits den Gedanken des politischen Fortschritts im Sinne nationaler Gleichberechtigung erfaßten. Mit jeder liberalen Errungenschaft holten die Deutschen für die tieferstehenden Nationalitäten die Kastanien aus dem Feuer. Der deutsche Liberalismus hat den Nationalitäten die Bahn zu politischem Einfluß freigemacht, hat ihnen erst die wirksamsten Kampfmittel gegen das Deutschtum in die Hand gespielt.

Das zweite bedeutsame Moment ist der immer entschiedener hervortretende Übergang Österreichs vom Agrarstaat zum Industriestaat. Die Anfänge dieser Entwickelung reichen bis in die Zeit der Kontinentalsperre zurück, wo die Fernhaltung englischer Konkurrenz ein Aufblühen des Fabrikwesens namentlich in Deutschböhmen herbeiführte. Die Entwickelung der Industrie lockte fremdsprachige Arbeiter in die deutschen Gebiete. Seit dem Beginn des Nationalitätenkampfes widerstrebten diese Zuzügler der Eindeutschung. Mit ihrer rasch wachsenden Zunahme erhoben sie ihrerseits nationale Forderungen. Auch die Großgrundbesitzer kamen ins Gedränge. Sie selbst gehörten fast durchweg der deutschen Kulturschicht an. Mehr und mehr aber sahen sie sich auf die billigeren nichtdeutschen Arbeitskräfte angewiesen, denen man nunmehr nationale Zugeständnisse machen mußte.

Man wird zugeben dürfen, daß eine Umschichtung der nationalen Kräfte und ihres Einflusses im öffentlichen Leben in Österreich auf die Dauer schwerlich aufzuhalten war. Aber ohne die plötzliche politische Umgestaltung, die Österreich seit 1866 erfuhr, hätte sich die für das Deutschtum ungünstige Wendung zweifellos nicht so rasch und unvermittelt vollzogen. Bis 1866 war der deutsche Grundcharakter des österreichischen Staates für die maßgebenden Instanzen das selbstverständlich Gegebene. Die Dynastie hatte die Führerstellung im Deutschen Bunde inne und sie wollte diese Stellung festigen und erweitern. In der Hofburg dachte niemand an die Begünstigung eines nichtdeutschen Einflusses. Der Staat war großdeutsch nach außen und großösterreichisch nach innen. Erst die Niederlage von 1866 und die vier Jahre später folgende Begründung des neuen Deutschen Reiches legten den österreichischen Staatslenkern den Gedanken einer veränderten inneren Politik nahe. Und nun sahen die Deutschen sich plötzlich von zwei Seiten gefährdet. Die Nationalitäten erhoben lauter ihre Ansprüche, die nur auf Kosten der Deutschen befriedigt werden konnten. Die Monarchie aber trat nicht mehr in alter Weise für die deutsche Vorherrschaft ein. Seit Österreich ganz auf sich gestellt war, hat die Monarchie nach ihren neuen Bedürfnissen sich eingerichtet. Nicht mehr auf die Gesamtheit des deutschen Volkes hatte sie Rücksicht zu nehmen, sondern auf die Vielheit der ihr zugehörigen Volksstämme. 1867 machte die Aufrichtung der österreichisch-ungarischen Doppelmonarchie Ungarn zum selbständigen Staat neben Österreich und lieferte die ungarländischen Deutschen dem Magnarentum aus. Die Deutschen Österreichs haben der magnarischen Vorherrschaft in Ungarn unter der Annahme zugestimmt, daß in Österreich das Deutschtum an der Spitze bleibe. Aber in Österreich rückte das Slawentum gegen die Deutschen vor. In Galizien bekamen 1868/69 die Polen das Heft in die Hand.

Tschechen und Slowenen stellten ihre sich überstürzenden nationalen Forderungen. Nur schrittweise wurde ihnen von den rasch wechselnden österreichischen Ministerien nachgegeben, bis das Ministerium Taaffe die grundsätzliche Schwenkung vollzog. Die Deutschen, die unter den neuen Verhältnissen die vorher kaum in Erwägung gezogene Notwendigkeit verspürten, ihr eigenes Volkstum zu verteidigen, waren mehr und mehr in die Opposition gegen die Regierung geraten. Aus nationalen Gründen haben sie die Abstoßung Dalmatiens betrieben. Sie überließen Ungarn den Hafen von Fiume und das zugehörige Küstenland. Sie wollten Galizien losgelöst und selbständig gestellt wissen; alles, um die slawische Mehrheit in der Westhälfte der Monarchie zu schwächen und dadurch das Gewicht des Deutschtums in Zisleithanien zu stärken. Das Schlimmste kam, als die Deutschen 1879 gegen die Okkupation Bosniens und der Herzegowina sich erklärten. Die Stellungnahme ist begreiflich. Die Deutschen widerstrebten jeder weiteren Vermehrung an fremden Staatsgenossen. — Und doch war die Haltung kurzsichtig. Bismarck hat mit einem bitteren Wort die Deutschösterreicher nach ihrem damaligem Führer, dem früheren Minister Herbst, als die „Herbstzeitlosen" bezeichnet, „die nie etwas zu rechter Zeit getan". Die Deutschen setzten sich in Widerspruch zu den Lebensbedürfnissen des Staates und der Dynastie. Ministerpräsident Taaffe hat schließlich erklärt: der Kaiser könne es versuchen, auch einmal mit tschechischen Ochsen zu pflügen. Bis zu gewissem Grade trägt die politische Haltung der Deutschösterreicher eine Mitschuld daran, daß das offizielle Österreich sich entschiedener ihren nationalen Gegnern zuwandte. Die Deutschen versagten sich den militärischen Forderungen der Regierung. Daraufhin erfolgte die Aufhebung der deutschen Amtssprache in Böhmen, die Bewilligung der tschechischen Universität in Prag. Ein mehrmaliger Pairschub beseitigte im österreichischen Herrenhause die deutsche Mehrheit und im Reichsrat drückte die Zersplitterung der deutschen Parteien ihr politisches Gesamtgewicht immer tiefer herunter. Die Deutschen Österreichs waren echte Deutsche auch darin, daß unter ihnen alle die Parteiungen sich geltend machten, die im deutschen Leben überhaupt Platz gegriffen haben: die Gegensätze strengerer Kirchlichkeit und freierer Auffassung, alle Schattierungen der rein politischen Parteistellung, die wirtschaftlich und sozial auseinandergehenden Strebungen — von Großgrundbesitz und Großindustrie, von Bürgertum und

Bauerntum, von Besitzenden und Besitzlosen —, all das wirkte unter den Deutschen unmittelbar trennend. Alle anderen Nationalitäten ordnen die an sich meist weniger scharf ausgeprägten Differenzen ihres inneren Lebens dem nationalen Gedanken unter. Das ermöglicht jeder von ihnen eine einheitlicher geschlossene politische Betätigung, während die deutschen Kräfte allzulange, ohne Rücksicht auf die drängenden nationalen Gefahren, sich zersplitterten. Manch anderer politischer Mißgriff trat hinzu, der dem deutschen Einfluß Abbruch tat. So haben die Deutschen es lange grundsätzlich abgelehnt, in gemischtsprachigen Bezirken die fremde Sprache zu lernen. Das hat namentlich in Böhmen zu einer Verstärkung des tschechischen Elements in den Amtsstellen beigetragen. Die Tschechen lernten deutsch. Tschechische Beamte rückten zunächst in den gemischtsprachigen Bezirken Böhmens ein, sie drangen selbst in rein deutschen Gebieten vor, weil es an deutschen Anwärtern fehlte. Unter dem Ministerium Taaffe hat man deutscherseits die Fernhaltung vom Staatsdienst geradezu als nationale Pflicht hingestellt. Ebenso verfehlt waren gelegentliche deutschradikale Demonstrationen, z. B. das Hoch auf die Hohenzollern, das Herr v. Schönerer im Wiener Reichsrat ausbrachte. Man wird solche Fehler und Mißgriffe nicht zu scharf betonen dürfen. Sie haben sicherlich die Entwickelung nicht ausschlaggebend bestimmt. Die gelegentlichen Entgleisungen fallen gegenüber der tausendfach bewährten Hingabe an den Staat und an das Herrscherhaus kaum ins Gewicht. Tschechen, Polen, Slowenen und Serbokroaten — der Magnaten ganz zu geschweigen — haben wider den österreichischen Staatsgedanken und wider die Dynastie unendlich schwerer gefrevelt. Gleichwohl hat nur der deutsche Einfluß in Österreich eine Herabbrückung erfahren. Die rückblickende Betrachtung, die in erster Linie den Hergang erklären und nicht die beteiligten Personen sittenrichterlich aburteilen will, wird vor allem ihr Augenmerk den treibenden Kräften der Entwickelung zuwenden müssen.

Das Aufstreben der slawischen Massen trat nach 1866 scheinbar unvermittelt und überraschend zutage, als die politischen Verhältnisse sich zuungunsten der Deutschen verschoben. Es ist fraglich, ob die deutsche Volkszahl dabei einen wirklichen Rückgang erlitten hat. Die zahlenmäßigen Fortschritte, die seit der Mitte des 18. Jahrhunderts das Slawentum in Österreich nach den statistischen Ermittelungen aufzuweisen hat, entschleiern nur einen längst vorhandenen, aber für Fernerstehende verhüllten Zustand. Die erste Zählung, die die Nationalität der Bevölkerung feststellte, ist in Österreich 1846 erfolgt. Seit 1880 sind alle zehn Jahre statistische Erhebungen über die Umgangssprache vorgenommen worden. Wenn 1880 gegenüber den Zählungsergebnissen von 1846 die deutschsprachige Bevölkerung in den gemischtsprachigen Bezirken im Rückgang begriffen erscheint, so liegt das zum guten Teil daran, daß Fremdstämmige, die der deutschen Sprache kundig waren, früher unbedenklich als Deutschsprachige sich bekannten, während neuerdings jede Volkszählung zur nationalen Kraftprobe wird. Die fremdsprachige Unterschicht hatte längst im stillen ihre Kräfte gestärkt, dann ward sie von der nationalen Bewegung mit steigendem Selbstbewußtsein erfüllt und endlich durch die konstitutionelle Umwandlung des Staates an die Oberfläche getragen. Durch diese Umstände ist heute das vordem selbstverständliche Übergewicht des Deutschtums in den nationalen Kampfgebieten durchweg bestritten, z. T. zurückgedrängt, und die Herüberziehung der von den Deutschen in wirtschaftlicher Abhängigkeit stehenden fremdsprachigen Zuzügler zum Deutschtum findet nicht mehr in alter Weise statt. Eine letzte Gefahr für das Deutschtum bedeutet die 1907 erfolgte Einführung des allgemeinen, gleichen und geheimen Wahlrechts in Österreich. Das demokratische Wahlrecht beeinträchtigt am schwersten die von Hause aus aristokratische Stellung der Deutschen. Zu den schon vorher wirksamen Parteigegensätzen tritt seitdem noch die Abschwenkung deutscher Arbeiter zur Sozialdemokratie. Der Deutsche neigt dazu, ohne Rücksicht auf die nächstliegenden Interessen die letzten Folgerungen einer Idee zu ziehen, der er sich hingibt. Er will alles in der Tiefe erfassen. Wie er als Katholik die weitgehendsten Ansprüche seiner Kirche versicht, während der katholische Tscheche und Pole keinen Schritt vom nationalen Boden weicht, so ist auch der deutsche Sozialdemokrat im Gegensatz zu den ‚Genossen' anderer Nationalität, die ihr Stammesbewußtsein wahren, fester und zuverlässiger auf das internationale Programm eingeschworen.

Trotz alledem ist die Lage des Deutschtums in Österreich keine verzweifelte. Ober- und Niederösterreich, Salzburg und Vorarlberg, der größere Teil Steiermarks, Kärntens und Tirols sind kerndeutsche Lande, in denen deutsches Leben fröhlich gedeiht. An den Sprachgrenzen und in den gemischtsprachigen Landen tobt freilich der Kampf. Aber der Kampf stählt. Der Deutschösterreicher zeigt heute durchweg eine straffere nationale Haltung als ehedem. Die gerade für den Kampf so wenig fördersamen deutsch-österreichischen Besonderheiten sind zurückgedrängt. Die Christlich-Sozialen sind aus ihrer Lauheit aufgerüttelt worden. Die schroff nationalistische Einseitigkeit der tschechischen Arbeiter sprengt in Österreich selbst die internationale Organisation der Sozialdemokratie auseinander und lenkt die deutsche Gefolgschaft der Partei in nationale Bahnen. Jedenfalls ist die deutsch-nationale Gewerkschaftsorganisation Österreichs derzeit in glücklichem Fortgang begriffen.

Ernstlich bedroht erscheint das Deutschtum nur in den Sudetenländern. In Mähren geht es noch leidlich. Im östlichen Österreichisch-Schlesien ist die Lage der Deutschen schwieriger. In Böhmen steht es auf des Messers Schneide. Die Deutschböhmen sind heute in der Hauptsache einig. Man hat sich auf die klare Forderung einer reinlichen Scheidung der Sprachbezirke zurückgezogen. Es ist ein alter Gedanke, der zum erstenmal Mitte des vorigen Jahrhunderts auftauchte, zu einer Zeit, da eine deutsche Mehrheit den böhmischen Landtag beherrschte und Prag dem Besucher als eine deutsche Stadt erschien. Die von tschechischer Seite erhobene Forderung einer nationalen Abgrenzung ist damals von den Deutschen zurückgewiesen worden. Seither hat das Blatt sich gewendet. Die Tschechen haben ihr Übergewicht rücksichtslos ausgebeutet und ihre Begehrlichkeit ist ins Ungemessene gestiegen. Die zur Hälfte von Deutschen aufgebrachten Steuergelder werden weit überwiegend für tschechische Zwecke verbraucht. Für tschechische öffentliche Bauten wird $2^{1}/_{2}$ mal soviel als für deutsche aufgewendet, für tschechische gewerbliche Zwecke fast viermal, für tschechische Unterrichtszwecke achtmal soviel.

Noch schreiender ist die Ungerechtigkeit bei der Ämterbesetzung. In den 1057 Stellen der autonomen Provinzialverwaltung müßten nach Maßgabe der Volkszahl 425 deutsche und 632 tschechische Beamte sitzen. In Wirklichkeit sind es 23 deutsche und 1026 Tschechen. Unter den 24 700 staatlichen Beamten Böhmens wurden 1903 nur 6300 deutsche ermittelt. Es hätten bei entsprechender Berücksichtigung der Volkszahl 10 117 sein müssen. Das ungeheuerliche Mißverhältnis macht sich in peinlichster Weise in den gemischtsprachigen Bezirken bemerkbar. In überwiegend deutschen Gemeinden, wo der Bruchteil der eingesprengten Tschechischredenden ein verschwindend geringer ist, gibt es eine Überzahl tschechischer Beamten, während in den Gebieten mit tschechischer Mehrheit die Interessen der deutschen Minderheit völlig unberücksichtigt sind. Das unverhältnismäßige tschechische Übergewicht in den Reihen des Beamtentums erklärt sich nicht entfernt ausreichend aus dem Nachteil, in den die Deutschen durch Abweisung der Doppelsprachigkeit sich selbst für die Beamtenlaufbahn setzten. Heute lernen auch die deutschen Amtsanwärter tschechisch. Aber das tschechische Gymnasium und die tschechische Universität entlassen ihre Zöglinge bei tunlichst milden Anforderungen mit den bestmöglichen Zeugnissen und verschaffen ihnen damit einen weiteren Vorteil vor den auf deutschen Bildungsstätten gewissenhafter und strenger bewerteten Wettbewerbern. Endlich ist die Regierung den tschechischen Ansprüchen allzu willig entgegengekommen. Ebenso arbeitet in Böhmen die Kirche gegen die Deutschen. Die Bischöfe sind ohne Ausnahme Tschechen. Der Nachwuchs deutscher Priester ist gering. Zahlreiche deutsche Gemeinden haben tschechische Seelsorger, die häufig fanatische nationale Gegner ihrer deutschen Pfarrkinder sind. Daher die Los-von-Rom-Bewegung, die ihren Hauptherd in Böhmen hat. In der Tat haben dort für die Deutschen unerträgliche Zustände sich herausgebildet. Die parlamentarischen Formen versagten nicht nur im Böhmischen Landtag, sondern auch im Wiener Reichsrat. Der Gang der Staatsmaschine wurde vollständig gehemmt. Es ist so weit gekommen, daß zeitweise jede Möglichkeit einer vernünftigen Ordnung verschwunden schien. An die mit einer gewissen Gesetzmäßigkeit sich wiederholenden Rüpeleien des Prager Pöbels gegen die deutschen Studenten, an denen auch vornehmer Mob sich beteiligt, sei nur mit einem Wort erinnert.

Die Überspannung des nationalen Kampfes machte es endlich allen Einsichtigen klar, daß ein nationaler Ausgleich eine Lebensbedingung für den Staat sei. Auch die Regierung stellte sich auf diesen Boden und wiederholt hat der Kaiser mit persönlicher Bemühung im Sinne der Herstellung des nationalen Friedens eingegriffen. Seit 1910 erstrebt man ernsthafter den deutsch-tschechischen Ausgleich. Das erste Parlament des allgemeinen Wahlrechts war Ende März 1911 aufgelöst worden. Die Neuwahlen haben einen entschiedenen Fortschritt der deutsch-nationalen Gruppen gebracht, hauptsächlich auf Kosten der damals national noch etwas lauen Christlich-Sozialen, z. T. auch der internationalen Sozialdemokraten. Die Sachlage war also für die Deutschen gebessert.

Das neue Parlament hat der greife Kaiser mit einer Thronrede eröffnet, in der er mit eindringlichen Worten zu den Parteien Böhmens redete. Er forderte Duldsamkeit und Entgegenkommen in nationaler Beziehung, völkisches Bewußtsein und Staatsgedanke sollten sich versöhnen. Trotz dieser ernsten Mahnung sind die Prager Ausgleichsverhandlungen nicht zum Abschluß gediehen. Monatelang ging es nur mühsam und stockend vorwärts. Alle halbwegs wichtigen Punkte wurden zurückgestellt. Die Tschechen beantragten bei jeder schwierigen Frage Ausschaltung, angeblich aus zartfühlender Rücksichtnahme, um Reibungen vorläufig zu vermeiden. Auf deutscher Seite regte sich der Verdacht, daß die Tschechen eine Verschleppungspolitik trieben, die zu den dringendsten Forderungen nicht Stellung nehmen wolle. Die endlosen Debatten, die nichtigen Einwendungen, die fortwährenden Winkelzüge von tschechischer Seite weckten wirklich den Eindruck, als ob alle Mühe und Zeit vergeudet wäre, und die Deutschen letzten Endes genarrt werden sollten, daß die Tschechen ernstlich den Ausgleich gar nicht wünschten. Sie nutzten die Teilnahme an den Verhandlungen taktisch dazu aus, um in Wien soviel als möglich an wirtschaftlichen und sonstigen Zugeständnissen für sich herauszuschlagen. Seit dem Frühjahr 1912 veränderte sich das Bild. Es schien, als ob man sich gegenseitig näher käme. Man tagte bis in den Juli hinein. Hoffnungsfrohe Gemüter erwarteten, daß dem Kaiser zu seinem Geburtstage am 18. August der Ausgleich als Angebinde würde dargebracht werden können. Allseitige Erschöpfung hat wiederum zu einer Vertagung gezwungen.

Die ungeheuere Schwierigkeit liegt in den ungerechtfertigten Vorteilen, die das Tschechentum an sich gerissen hat. Man darf sich nur der Verteilung der Amtsstellen und der Verwendung der Steuergelder erinnern. Die vollberechtigte Forderung der Deutschen nach deutschen Beamten im deutschen Sprachgebiet Böhmens und an den Zentralstellen in Prag muß zahllose tschechische Beamte aus ihren Brotstellen drängen und ebenso müssen die ungemessenen Zuwendungen aus dem Landeshaushalt für tschechische Sonderinteressen eine weitgehende Einschränkung erfahren. Der Ausgleich kann nicht zustande kommen, ohne daß die Tschechen mehr geben als sie erhalten. Die Lage erscheint in diesem Augenblick völlig ungeklärt. Aber gerade die Deutschen dürfen mit ruhiger Zuversicht in die Zukunft blicken. Ein Scheitern des Friedensgedankens braucht sie nicht zu entmutigen.

Es hat neuerdings eine für das österreichische Deutschtum unverkennbar günstige Wendung sich vollzogen. Als in der Balkankrise, die die österreichische Annexion Bosniens und der Herzegowina herbeiführte, Serbokraten, Slowenen und Tschechen in ihren panslawistischen Hetzereien bis an die Grenze des Hochverrats sich verirrten, da haben die Deutschen den politischen Fehler von 1879 reichlich wettgemacht. Das deutsche Element erwies sich als die zuverlässigste Stütze des Kaiserhauses. Es kam die opferwillig bewährte Bundestreue des Deutschen Reiches hinzu, die ihr sehr erheblich Teil zur Überwindung der Krise beitrug.

Das alles hat zu einer veränderten Haltung der österreichischen Regierung geführt. Die einseitige Begünstigung der deutschfeindlichen Nationalitäten hat ein Ende gefunden. Mißtrauen und Übelwollen der offiziellen Kreise gegen das Deutschtum sind sichtlich zurückgestellt. Man begreift es heute auch in der Wiener Hofburg, daß „mit tschechischen Ochsen zu pflügen" seine ernsthaften Bedenken für die Dynastie hat. Schon das Ministerium Bienerth suchte sich gerecht und unparteiisch über dem Streit der Nationalitäten zu behaupten. Eben darum wurde es den Tschechen unbequem. Bienerths Nachfolger, Herr v. Gautsch, der wieder in die alten Bahnen einer Benachteiligung der gutmütigen Deutschen einlenken zu wollen schien, hatte sehr rasch abgewirtschaftet. Der derzeitige Ministerpräsident, Graf v. Stürgkh, hat in seiner parlamentarischen Tätigkeit sich das Vertrauen seiner deutschen Volksgenossen erworben. Vor allem haben die Deutschen selbst sich kräftiger zusammengerafft. Ihre nationalen Schutzvereine erstarken und man strebt, trotz beklagenswerter Rückfälle, mit besserem Erfolg als früher ein Zusammenwirken aller Deutschen unter Beiseitestellung politischer und konfessioneller Streitpunkte an. Unverkennbar hat die Not endlich das nationale Pflichtgefühl der Deutschen geschärft. Es kommt hinzu, daß die Ergebnisse der letzten Volkszählung die ungebrochene Lebenskraft des deutschen Elements klar hervortreten lassen.

Niemand wird in diesem Augenblick vorhersagen können, ob schon die nächste Zukunft einen für die Deutschen annehmbaren nationalen Waffenstillstand bringt. Aber wohl darf man der Überzeugung Ausdruck geben, daß das Deutschtum in Österreich unüberwindlich ist, wenn es sich nicht selbst aufgibt. Es hat in Österreich die Unmöglichkeit sich herausgestellt, gegen die Deutschen zu regieren. Ihre Stellung muß sich notwendig bessern. Der Staat ist ohne Festhaltung einer Staatssprache auf die Dauer nicht zusammenzuhalten. An den amtlichen Zentralstellen und im Parlament ist eine allseitig verständliche Verhandlungssprache unentbehrlich. Die Armee braucht eine einheitliche Kommandosprache. Für die Truppen bis herunter zu Patrouillen und Posten muß eine durchgängige Verständigung möglich sein. Es ist schlechterdings undenkbar, daß in Österreich für alle diese Bedürfnisse eine andere Sprache als die deutsche auch nur in Frage kommt. Es ist die Sprache des stärksten und leistungsfähigsten Volksstammes, zugleich diejenige Sprache, die gegenüber allen in Österreich gesprochenen eine weit überragende Stellung als Weltsprache einnimmt. Endlich sind die Deutschen nicht nur die vornehmsten Vertreter der geistigen und wirtschaftlichen Kultur, sondern auch die Träger des österreichischen Staatsgedankens. Man erkennt das am deutlichsten an ihrer Stellung innerhalb des Beamtentums. Der Tscheche, der Slowene, der Italiener bleibt auch als Beamter nationaler Parteimann. Er wirkt bewußt im Interesse seines Volkssplitters, und trägt keine Scheu, auch agitatorisch in diesem Sinne hervorzutreten. Der deutsche Beamte macht sich nationale Unbefangenheit zur Pflicht. Er vermeidet peinlich jede nationale Einseitigkeit und behandelt den Deutschen wie den Nichtdeutschen mit gleich unbestechlichem Gerechtigkeitsgefühl. Er steht über den Parteien. Er hat — und er allein — gesamtstaatliches Empfinden. Das ist der große Vorzug, den die Anderen nur ganz ausnahmsweise erreichen. Das alles weist den österreichischen Deutschen die führende Stellung an. Daß die Magyaren von Österreich fortstreben, ist hinlänglich bekannt. Die Tschechen verlangen ein selbständiges Reich der Wenzelskrone, die Südslawen begehren einen autonomen Staat, die Polen träumen von der Wiederaufrichtung ihres zerrissenen Vaterlandes. Österreich-Ungarn ist verloren, wenn es den Zusammenhang mit dem Deutschtum aufgibt. Über kurz oder lang muß eine neue Phase in der Geschichte des österreichischen Deutschtums beginnen, in der dieser wertvollste Bevölkerungsteil in der Monarchie den Platz zurückgewinnt, der ihm seiner wirtschaftlichen und kulturellen Geltung und seinem moralischen Gewicht nach gebührt.

Die Umschau auf die einst dem alten Deutschen Reich zugehörigen Gebiete, die heute außerhalb der schwarz-weiß-roten Grenzpfähle liegen, ist damit abgeschlossen. Das Ergebnis ist keineswegs so trostlos, wie es nach gelegentlichen klageführenden Abschilderungen erscheinen könnte. Die Niederlande und die Schweiz sind seit etlichen Jahrhunderten, Österreich erst seit wenigen Jahrzehnten in eigene Bahnen eingelenkt. Die Niederlande sind allerdings als deutsches Land verloren, und selbst in der Schweiz wollen manche nicht daran erinnert sein, daß sie demselben Volkstum angehören wie die Deutschen im Reich. Trotz der tausen⸗ alten Fäden, die nach der Schweiz hin niemals abgerissen sind, und der neuen Verknüpfungen, die heute vom Deutschen Reich aus südwestwärts und nordwestwärts sich spinnen, lehnt vorerst die öffentliche Meinung in der Schweiz wie in Holland und Belgien den Gedanken eines engeren Zusammenschlusses mit dem Reich ab. 3. T. geht das auf den unbegründeten Verdacht zurück, daß das waffenstarke Deutsche Reich die politische Selbständigkeit dieser kleineren Nachbarstaaten bedrohe, z. T. auch auf demokratische Vorurteile gegen unsere festgefügten, angeblich volksbedrückenden staatlichen Zustände. Solche Urteile sind unverkennbar von dritter Seite her beeinflußt. Es gibt eine systematische Hetze — leider nicht nur im Ausland — die gewerbsmäßig die reichsdeutsche Politik verdächtigt und die reichsdeutschen Zustände verunglimpft. Man scheut selbst nicht davor zurück, die kleinen Staaten mit versteckten und offenen Drohungen von einer Anlehnung an das Deutsche Reich abzuschrecken. Das übt trotz der inneren Unwahrhaftigkeit solcher Beschuldigungen und der schwer verkennbaren Herkunft jener Winke noch immer seine Wirkung. Man muß abwarten, ob eine gerechtere Würdigung der reichsdeutschen Politik auf Grund der allmählich sich ansammelnden Erfahrungen Platz greift, und ob auch der innere Gehalt unseres Staatswesens zutreffender gewertet wird. Vorerst haben wir die Tatsache zu verzeichnen, daß Holland und Belgien, abgesplitterte Teile unseres Volkes, uns in weitgehendem Maße entfremdet sind. In Luxemburg, das deutsch geblieben ist, eröffnen sich neuerdings günstige Aussichten für eine innere Gewinnung des kleinen Völkchens. In der Schweiz ist die Hauptmasse der Bevölkerung deutsch. Dort sind Kräfte vorhanden, die einer möglichen nationalen Gefährdung wirksam begegnen könnten. Die Überzeugung von der unzerstörbaren Kulturgemeinschaft der Schweizerdeutschen mit dem deutschen Gesamtvolke findet jedenfalls mannhafte Vertreter. Vielleicht ist auch die Hoffnung nicht unbegründet, daß die Wirkung des Kaiserbesuchs bei den Schweizer Manövern von 1912 das unbegründete Mißtrauen gegen den großen Nachbarstaat überwinden hilft. In Österreich endlich ist gerade seit der staatlichen Trennung vom Deutschen Reich das Deutschbewußtsein kräftig aufgerüttelt worden. Deutschösterreich ist heute deutscher als es je vorher gewesen. Für den reichsdeutschen Betrachter mag es hart erscheinen, daß die heiße Liebe zu der angestammten Sprache und Art deutschen Volksgenossen einen schweren Kampf um ihr nationales Recht aufnötigt. Aber dieser Kampf ist kein hoffnungsloser. Der Pessimismus, der in unseren nationalen Kreisen den deutschösterreichischen Verhältnissen gegenüber zuweilen laut wird, ist nicht zureichend begründet. Deutschösterreich ist wie die deutsche Schweiz noch heute deutscher Volksboden. Nur wo der Deutsche auf umstrittenem Grenzgebiet oder im Bereich einer fremdsprachigen Mehrheit sitzt, ist der Kampf um Sprache und Scholle entbrannt. Sehr viel breiter ist in beiden Staaten der Raum, wo deutsche Sprache und Sitte unangefochten heimatberechtigt sind.

Das Deutschtum in der Zerstreuung. Deutsche Diaspora in Europa.

Deutsches Leben ist nicht auf das geschlossene deutsche Sprach- und Wohngebiet Mitteleuropas beschränkt geblieben. Weit darüber hinaus hat es in Europa z. T. in uralt begründeten Niederlassungen und bäuerlichen Siedlungen sich verzweigt, und zu ungezählten Tausenden sind Deutsche in alle Fernen gezogen. Deutsche sitzen heute in allen wichtigen Zentren des Weltverkehrs. Alle diese Auslanddeutschen sind in den Bereich fremder, nichtdeutscher Staaten eingetreten. Sie bilden „deutsche Menschenkolonien unter fremder Herrschaft". Aus diesem Rahmen fallen nur die Deutschen unserer Schutzgebiete heraus. Auf die freie Entfaltung ihres Volkstums hat eine fremde Staatsmacht so wenig Einfluß wie auf die Deutschen im Reich. Darum ist hier von der Erörterung ihrer Verhältnisse abgesehen. Unsere Betrachtung, die alle Deutschgebürtigen und Deutschsprachigen im Ausland ohne Rücksicht auf ihre Staatsangehörigkeit umfassen will, muß die unendliche Vielheit verschiedenster Verhältnisse und Beziehungen, die dabei in Frage kommen, nach wenigen, klar erfaßbaren Merkmalen zu gliedern versuchen. Wir unterscheiden demgemäß:

1. nach rein geographischen Gesichtspunkten das Deutschtum in der Zerstreuung: in Europa und: in Übersee,

2. innerhalb dieser verschiedenen Gebiete: bodenständige Siedlung, die in der Fremde eine dauernde Stätte auf eigener Scholle gewinnt, und: die unstäter flutende Bewegung Erwerbsuchender aller Berufe, die seltener feste Wurzeln in der Fremde schlägt und doch ständige Sammelpunkte deutschen Einflusses im Ausland zu bilden vermag.

Bodenständige deutsche Siedlungen sind außerhalb des geschlossenen deutschen Sprachgebietes an verschiedenen Teilen unseres Erdteils nachzuweisen, z. T. Rückstände früher germanischer Völkerzüge oder Ausläufer der mittelalterlichen deutschen Kolonisation, z. T. in neuerer Zeit erfolgte Verpflanzungen. Es soll hier nicht verfolgt werden, wieviel von früheren Absplitterungen unseres Volkstums zugrunde gegangen ist. Was im italienischen Alpengebiet, vielleicht schon von den Zeiten der Völkerwanderung herstammend, Zubehör des deutschen Volkstums geworden war und langsam dahingeschmolzen ist, das bleibt hier ebenso außer Betracht, wie die versprengten deutschen Koloniegründungen des 18. und 19. Jahrhunderts in Spanien oder Griechenland, wo nur noch blonde Kinderköpfe und verballhornte deutsche Familiennamen an die deutschen Einwanderer erinnern. „Es war einmal" — so lautet überall der Kehrreim. Wir fragen nur, wo in der Fremde deutsche Auswanderer die angestammte Sprache und Art bis zur Stunde bewahrt haben. Solche bodenständige deutsche Siedlungen gibt es in nennenswertem Umfange heute nur in den östlichen Staaten Europas, in den österreichischen Nebenlanden (Galizien, Bukowina und Bosnien), in Ungarn, in Rußland und in Rumänien.

Die allgemeinen Verhältnisse der zu Zisleithanien gehörigen deutschen Sprachinseln sind bereits im Zusammenhang der Erörterungen über das österreichische Deutschtum berührt. Hier sei nur noch ergänzend angemerkt, daß nach den Angaben der Statistik das Deutschtum Galiziens in rettungslosem Verfall begriffen erscheint. 1880 sind in Galizien 323000 Deutsche gezählt worden, 1890: 227000, 1900: 212000, 1910: 90114. Zu einem Teil ist die erstaunliche Abnahme der Deutschen dadurch bewirkt, daß die deutschsprachigen Juden Galiziens unter dem Druck der rücksichtslos nationalistisch arbeitenden polnischen Landesregierung sich in steigender Zahl zur polnischen Sprache bekannt haben. In den 40er und 50er Jahren des vorigen Jahrhunderts, als Deutsche und Juden noch getrennt gezählt wurden, gab es 90 bis 100000 Deutsche in

Galizien, 2 v. H. der Gesamtbevölkerung des Landes. Heute gibt die Statistik den Anteil der Deutschen auf 1,12 v. H. an. Der Rückgang ist also unverkennbar, wenn er auch in Wirklichkeit etwas geringer sein mag. Es sind Tausende von Deutschen als Polen gezählt worden. In Ortschaften, in denen evangelische und katholische Deutsche nebeneinander wohnen, entspricht die amtlich festgestellte Zahl der Deutschen genau der Ziffer der Evangelischen. Die katholischen Deutschen hat man als Polen eingetragen. Eine Abnahme der Deutschen hat gleichwohl stattgefunden. Ihre Zahl ist durch Auswanderung nach Übersee und nach Posen und Westpreußen gelichtet. Galizien bietet ein klassisches Beispiel dafür, wie das Polentum als herrschende Macht andere Nationalitäten behandelt. Die Ruthenen werden dort von den Polen brutal unterdrückt und vergewaltigt, und auch den Deutschen wird der Aufenthalt verleidet. Aber in dem zurückgebliebenen Kern des galizischen Deutschtums, weit überwiegend deutsche Bauernsiedlungen, ist neuerdings der Wille, an deutscher Sprache und Art festzuhalten, lebendiger hervorgetreten. Der Verein der christlichen Deutschen in Galizien ist mit Erfolg bestrebt, die im Lande verbliebenen Reste zu sammeln und in sich zu kräftigen.

In der Bukowina haben die Deutschen (1910: 168 851 Köpfe) eine starke und aussichtsreiche Stellung errungen. Dagegen ist in Bosnien seit der Gewährung einer selbständigen Landesverfassung das dortige Deutschtum (ca. 16 000 Seelen) in seiner bislang aufstrebenden Entwicklung gefährdet. Die kroatische Mehrheit des bosnischen Landtages drängt planmäßig die deutsche Schule zurück. Es sind verhältnismäßig bescheidene Ziffern, um die es bei den Deutschen Galiziens, der Bukowina und Bosniens sich handelt. Sehr viel größer ist ihre Zahl in Ungarn und in Rußland.

Ungarn. Die Länder der Stephanskrone hatten nach der Zählung vom Jahre 1900 unter 19 254 559 Einwohnern:

8 742 301 Magyaren	45,4 v. H. d. Ges. Bev.
2 799 479 Rumänien . . .	14,5 „ „
2 730 749 Serben und Kroaten	14,5 „ „
2 134 181 Deutsche	11,1 „ „
2 019 641 Slowaken	10,5 „ „
429 447 Ruthenen	2,2 „ „ „
397 761 sonstige (Slowenen, Zigeuner usw.)	2,1 „ „ „

Die Frage, wie weit diese amtlichen Angaben den Tatsachen entsprechen, soll hier nicht untersucht werden. Nach den wenig wählerischen Praktiken der Nationalitätenermittelung darf man vermuten, daß die Ziffern für das Magyarentum zu hoch, für die übrigen Völkerschaften zu niedrig ausgefallen sind. Von guten Kennern des Landes wird die Zahl der ungarländischen Deutschen auf mindestens 2$^{1}/_{2}$ Million geschätzt.

Vom ungarländischen Deutschtum weiß man im Deutschen Reich merkwürdig wenig. Allenfalls mit den Siebenbürger Sachsen ist man hie und da genauer vertraut. Es hat seinen guten Grund, wenn gerade diesem Volksstamme von deutscher Seite eine lebhaftere Teilnahme zugewendet wird. Seit mehr als 700 Jahren sitzen sie im Lande. Sie haben sich in der neuen Heimat eine besonders angesehene Stellung errungen und dabei mit festem Willen die Kulturgemeinschaft mit der Gesamtheit des deutschen Volkes festgehalten. Die Siebenbürger Deutschen heißen ‚Sachsen', sie sind ihrem Ursprung nach Franken aus dem Moselgebiet, ihr Grundstock stammt aus dem Luxemburgischen. Im 12. Jahrhundert sind sie in das ferne Land der Südkarpathen gezogen. Eine tapfere Schar, die mit dem Schwerte die Grenze Ungarns gegen wilde Horden des Südostens verteidigte und die zugleich in unermüdlicher Arbeit aus Siebenbürgen das „Land des Segens", das „Land der Fülle und der Kraft" gemacht haben, wie es im ‚Sachsenliede' heißt. Die Könige Ungarns haben diese Deutschen mit Privilegien reich ausgestattet. Auf dem Königsboden saßen sie zu eigenem Recht unter selbstgewählten Oberen. Neben ihren Dörfern haben sie in ihren blühenden Städten wie Hermannstadt und Kronstadt wirkliche Kulturmittelpunkte geschaffen. Dann kamen seit dem ausgehenden Mittelalter die Tage schwerer innerer Wirrnisse und der von außen hereinbrechende Türkennöte. Aber auch in den schlimmsten Zeiten blieb die Verbindung mit dem deutschen Mutterland aufrecht und der Übertritt der Deutschen Siebenbürgens zum Luthertum knüpfte ein neues und unzerreißbares Band. Die Kirchen in den deutschen Dörfern Siebenbürgens sind Kirchenkastelle, Burgen, in denen zur Zeit der Türkeneinfälle die Bauern Schutz fanden und die Möglichkeit wirkungsvoller Abwehr. Und noch heute ist ihre wundervolle evangelische Volkskirche die feste Burg für ihr Volkstum. Dieses tapfere Volk, das in jahrhundertelangen Fährnissen sich gegen jeden Feind zu behaupten wußte, bietet alle Gewähr dafür, daß es deutsche Sprache und deutsche Art auch in Zukunft festhält. Wohl gibt es unter den Siebenbürger Deutschen Parteiungen. Wo gäbe es die — leider — unter Deutschen nicht? Über allem Meinungsstreit aber steht beherrschend der starke Wille, die angestammte Sprache und Sitte im fremden Völkergemisch zu wahren. Wirkungsvoll hat einer der besonnensten Männer des Sachsenvolkes es kürzlich in die Worte zusammengefaßt: „Wie einst, so glüht heute unser Herz für unser Volk und seine völkische Güter... Wir wollen nicht sterben, in anderer Volksart uns nicht verlieren, leben wollen wir."

Aber die Siebenbürger Sachsen zählen nicht viel über 1/4 Million. Es bleibt bei uns zu wenig beachtet, daß es in Ungarn reichlich das Zehnfache an Deutschen gibt. Deutsche sitzen seit der Karolingerzeit in Westungarn, an der Grenze Niederösterreichs und Steiermarks; seit der Blütezeit der mittelalterlichen deutschen Kolonisation in Nordungarn: in der Zips, in den alten Bergstädten des ungarischen Erzgebirges Kremnitz und Schemnitz, in geringerer Zahl auch schon am Bakonywald nördlich des Plattensees und in den Komitaten Wesprim und Stuhlweißenburg, endlich in Ofen, der einstigen Residenz der ungarischen Könige, in Pest, das vor dem Mongoleneinfall von 1241 eine stattliche deutsche Ortschaft war, und durchweg in allen alten Städten Ungarns. Seit dem Ausgang des 14. Jahrhunderts erlebte das ungarländische Deutschtum harte Rückschläge. Wie in Böhmen und Polen ist es die vom Adel getragene nationale Gegenbewegung, die gegen das Deutschtum und seinen Einfluß sich wendet. Parteifehden, Adelsaufstände und Glaubenskämpfe brachten eine Kette von nie abreißenden Wirrnissen, die eine gewaltige Steigerung durch feindliche Einfälle erfuhren. Ungarn ist 1526 von den Türken bewältigt worden. Wohl gewann unmittelbar darauf das Haus Habsburg formell die Krone Ungarns. Aber das Land blieb zum größten Teil unter der Herrschaft des Halbmonds. Erst um die Wende des 17. und 18. Jahrhunderts ist, nach den herrlichen Siegen Österreichs über die Türken, der habsburgische Besitz Ungarns volle Wirklichkeit geworden. Nun galt es dem verwüsteten Lande Ordnung und Wohlstand wiederzugeben. Schon 1689 hatte die mit der „Einrichtung" Ungarns betraute Kommission die Heranziehung deutscher Ansiedler empfohlen, „damit das Königreich oder wenigstens ein großer Teil davon nach und nach germanisiert, das hungarische, zu Revolutionen und Unruhen geneigte Geblüt mit dem deutschen temperiert und mithin zur beständigen Treue und

Liebe ihres natürlichen Erbkönigs und Herrn aufgerichtet werden möchte". Mit dem Beginn des 18. Jahrhunderts setzt in der Tat eine neue umfassende deutsche Kolonisation in Ungarn ein. Josef I. und Karl VI. haben sie eröffnet, Maria Theresia und Josef II. sie besonders eifrig gefördert. Geistliche und weltliche Magnaten schlossen sich an. Man zog Kolonisten ins Land, vorzugsweise Deutsche. Sie sollten frisches Leben in die verödeten Ortschaften tragen, oder wüste Landstrecken erstmalig urbar machen. Auch Handwerker, an denen großer Mangel war, suchte man in Deutschland zu gewinnen. Auch ein Teil der neu organisierten „Militärgrenze" wurde deutscher Bewachung überantwortet. Die Kolonisation erstreckte sich hauptsächlich auf die in der Türkenzeit schwer heimgesuchten Gegenden des mittleren Ungarn, und auf die den Türken entrissenen südlichen Gebiete. Eine Reihe älterer deutscher Siedlungen erfuhr damals verjüngenden Zuzug. Im Temesvarer Banat, in der Batschka und in der sogenannten schwäbischen Türkei wurde recht eigentlich Neuland gewonnen. Dort sind ausgedehnte Sumpfstrecken in lachendes Fruchtgelände umgewandelt worden. Die neuen deutschen Zuzügler stammten aus der Kleinstaatenwelt des deutschen Westens, vom Bodensee bis nach Westfalen und Braunschweig, am zahlreichsten aus Württemberg, Baden, Hessen, aus der Rheinpfalz und aus den vorderösterreichischen Landen. Sie werden in Ungarn unter dem Namen der ‚Schwaben' zusammengefaßt. Im Fortgang der Bewegung sind seit den 30er Jahren Protestanten, z. T. aus den österreichischen Kronlanden, nach Siebenbürgen verpflanzt worden, die dort das Deutschtum in willkommener Weise verstärkten. Kräftig und ohne ernstere Beeinträchtigung hatte seit dem Ende der Türkennot das gesamte ungarländische Deutschtum bis gegen die Mitte des vorigen Jahrhunderts sich entwickelt. Wohl gab es gelegentlich störende Maßnahmen mißgünstiger magyarischer Kreise und ungeschickte Eingriffe der österreichischen Regierung. Aber die zähe Widerstandskraft der Deutschen hat jede Gefährdung ihres nationalen Wesens abgewendet. So überlegen erwiesen sich die deutschen Ansiedler, daß etliche von französisch redenden Lothringern begründete Dörfer im Banat (St. Hubert, Charlesville, Soltour und Covrin) zum Deutschtum übergegangen sind. Die Magyaren hatten selbst noch keine entwickelte Kultur. Als allgemeine Verständigungssprache überwog im Lande das Deutsche, das der Oberschicht der Gesellschaft durchweg geläufig war. Die innere Amts- und

Gerichtssprache war, da das Magyarische nicht zureichte, bis 1848 lateinisch. Erst die nationale Bewegung des 19. Jahrhunderts hat ein magyarisches Nationalprogramm mit scharfer Spitze gegen die Anderssprachigen gezeitigt. Besonders schroff gestaltete sich dabei das Verhältnis der Magyaren gegenüber den Deutschen, die als die Schildhalter des österreichischen Regiments erschienen. Seit der Begründung der habsburgischen Herrschaft über Ungarn steht das Magyarentum im Kampf mit der Dynastie. Man wandte sich gegen den Absolutismus und gegen die religiöse Unduldsamkeit der Wiener Hofburg. Die stets erneuten Aufstandsversuche blieben ohne durchschlagenden Erfolg. Zum letztenmal sind die Magyaren nach ihrer siegreichen revolutionären Erhebung von 1848 bewältigt worden, bekanntlich mit russischer Hilfe. Erst 1866 gab die Niederlage Österreichs den Magyaren die Bahn frei. Der österreichisch-ungarische Ausgleich von 1867 machte Ungarn zu einem selbständigen Staate und gab dem Lande eine moderne konstitutionelle Verfassung. Siebenbürgen wurde damals mit Ungarn vereinigt und Kroatien und Slawonien fester an Ungarn angegliedert. Das Königreich Ungarn blieb durch Personalunion mit Österreich vereinigt. In der auswärtigen Politik soll die gemeinsame Kriegsmacht und die einheitliche diplomatische Vertretung den festen Zusammenschluß verbürgen. In der Wirtschaftspolitik wurde ein zehnjähriges Abkommen vereinbart, das bei jeder Erneuerung steigende Schwierigkeiten zu überwinden hat. Diese österreichisch-ungarische Ehe ist keine glückliche. Ungarn begehrt die Scheidung, oder doch etwas wie eine Trennung von Tisch und Bett. Merkwürdig gegensätzlich mutet die Entwickelung Österreichs und Ungarns in den letzten Jahrzehnten an. In Österreich war den Deutschen die Führung zugedacht, in Ungarn den Magyaren. Aber Österreich hat seitdem aus einem Einheitsstaat in einen Nationalitätenstaat sich umgebildet. In Ungarn schien es bis vor kurzem, als ob das magyarische Übergewicht jedes andere Volkstum zur Bedeutungslosigkeit herabdrücken könnte, als ob aus dem lockeren Gebilde dieses national so außerordentlich zerklüfteten Gemeinwesens ein festgefügter Einheitsstaat sich gestalten solle. Wohl gibt es das vielberufene, noch immer zu Recht bestehende Nationalitätengesetz von 1868, das den Völkern Ungarns die nationale Schule und ihre Muttersprache in Gemeindeverwaltung und Rechtspflege zuspricht. Der magyarische Scheinliberalismus ist über diese Schranken rücksichtslos hinweggeschritten. Innerhalb des Magyarentums machen verschiedene politische Strömungen sich geltend. Die 48er streben ganz von Österreich los, ihr äußerster Flügel hat den Gedanken einer ungarischen Republik verkündet. Die 67er wollen an der Personalunion mit Österreich festhalten, aber unter Verstärkung der ungarischen Autonomie und Mehrung der ungarischen Sondervorteile. Und alle magyarischen Politiker erstreben ein national-einheitliches, d. h. rein magyarisches Ungarn. Man fordert die magyarische Kommandosprache für alle ungarischen Regimenter der gemeinsamen Armee, die wirtschaftspolitische Abschließung gegen Österreich durch eine Zollgrenze wie gegen das Ausland, die eigene Reichsbank. Nach außen richten sich die Wünsche auf Machterweiterung. Dalmatien und Bosnien, das Erbe Österreichs im Orient, soll zu Ungarn geschlagen werden und phantastische Pläne greifen noch weiter nach der Balkanhalbinsel aus. Als Grundlage für diese Großmachtpolitik sollen zunächst die 10½ Millionen Nichtmagyaren eingeschmolzen werden. Dem überhitzten Chauvinismus der Arpadsöhne erscheint dabei gerade die kulturelle Überlegenheit des Deutschtums als das schwerste Hemmnis für die Herstellung des „magyarischen Globus".

Unwillkürlich gestaltet sich jede Erörterung über die Lage der Nationalitäten in Ungarn zu einer Anklage wider das Magyarentum, die um so schärfer ausfällt, je geflissentlicher das offizielle Ungarn dem Ausland gegenüber den Tatbestand verschleiert. Es ist hier nicht der Ort, die Lage der sonstigen Nationalitäten in Ungarn zu erörtern. Nur die Verhältnisse der Deutschen haben wir genauer ins Auge zu fassen. Ein kennzeichnender Vorgang mag dabei als Präludium eine Stelle finden. Auf einem Festbankett, das 1908 die deutsche Gruppe des interparlamentarischen Friedenskongresses zu Berlin veranstaltete, hat der damalige ungarische Kultus- und Unterrichtsminister, Graf Albert Apponyi, erklärt:

„Ich bitte Sie, es nicht als Anmaßung zu betrachten, wenn ich als Angehöriger eines verhältnismäßig kleinen östlichen Volkes in Ihrer unmittelbaren Nachbarschaft über deutsches Wesen zu Ihnen spreche. Wir studieren Sie, wir glauben Sie zu kennen und glauben, daß Sie nirgends mehr und besser verstanden werden, als gerade bei uns. Der deutsche Geist ist so beschaffen, daß seine Eigenheit von kräftiger Art ist, daß er der universalste Geist ist, unter denjenigen, die den Völkern gegeben worden sind. Fiele einmal ein Mann aus dem Mond auf die Erde und würde er mich fragen, welche Sprache er lernen solle, um das Kulturleben der Menschheit auf unserem Planeten zu begreifen, so würde ich ihm unbedingt das Studium der deutschen Sprache empfehlen. Denn mit dem Studium jeder anderen Sprache würde er nur ein mehr oder weniger

großes, aber immerhin beschränktes Feld übersehen können. Die Kenntnis der deutschen Sprache würde ihm allein die Kenntnis der ganzen Kultur, der Kultur beinahe aller jetzt noch lebenden Nationen vermitteln."
Es ist begreiflich, daß die Rede des Magyaren in der deutschen Reichshauptstadt beifällige Aufnahme fand. Die rührende Bescheidenheit des Eingangs, der stolze Hymnus auf die deutsche Kultur weckten bei harmlosen Hörern begeisterten Widerhall. Seltsam nur, daß derselbe Graf Apponyi in Ungarn als Unterrichtsminister mit Hochdruck an der Zerstörung der deutschen Schule arbeitete. Selbst den Reichsdeutschen in Ofenpest war die staatliche Genehmigung der von ihnen für ihre Kinder begehrten Lehranstalt mit deutscher Unterrichtssprache versagt geblieben. Als unmittelbar nach der Berliner Rede Apponyis in Ofenpest endlich eine deutsche Privatschule ausschließlich für Kinder reichsdeutscher Familien begründet wurde, da erhob sich ein Sturm der Entrüstung in der magyarischen Presse über diese neue pangermanische Brutstätte. Graf Apponyi suchte zu beschwichtigen. Den magyarischen Heißspornen versicherte er, daß die Schule keine staatliche Bestätigung erhalten habe, den Reichsdeutschen versprach er, daß die Schule nicht gestört werden solle. Es kam schließlich darauf hinaus, daß in der Hauptstadt Ungarns die angeblich wichtigste Kultursprache wie etwas halb Illegitimes nachsichtig geduldet wurde. Erst 1910 unter dem Ministerium Khuen Hedervary ist die Bestätigung der Schule unter allen möglichen Vorbehalten erfolgt, wahrscheinlich auf einen sanften Druck von Berlin her. Es würde ein eigenes Buch füllen, wollte man die magyarischen Maßnahmen gegen das Deutschtum übersichtlich aufführen. Die deutsche Schule ist in Ungarn, abgesehen von Siebenbürgen, nahezu vernichtet, die deutsche Sprache nach Möglichkeit verdrängt. Gegen das deutsche Theater und gegen die deutschnationale Presse wird ein erbitterter Kampf geführt. Die alten deutschen Ortsnamen sind magyarisiert, und nach Kräften wird die Magyarisierung der Familiennamen betrieben. Die krankhafte Überreizung des magyarischen Nationalgefühls gibt sich in tausend Äußerungen kund. Am wildesten gebärden sich dabei die zahlreichen Überläufer, die ihren magyarischen Patriotismus erst noch beweisen zu müssen glauben.

Seit 1867 ist das Magyarentum, das sich der habsburgischen Herrschaft niemals ohne Vorbehalt untergeordnet hat, zu einer Kampfstellung nicht nur gegen Österreich, sondern auch gegen die nichtmagyarischen Nationalitäten im Lande gelangt, die nicht alle die Langmut der Deutschen besitzen. Namentlich Rumänen und Kroaten zeigen sich zuweilen recht aufsässig. Vor allem der Geduld der Krone wird eine allzu harte Belastungsprobe zugemutet. Schon das Ministerium Fejervary hatte gegen die 1848 er Partei einen ersten Vorstoß unternommen, dessen Erfolg zum mindesten so viel erkennen ließ, daß hinter der damaligen parlamentarischen Mehrheit keine unüberwindliche Macht stand. Das Ministerium Khuen-Hedervary hat das noch klarer bekundet. Nach Auflösung des Parlaments ergaben die Neuwahlen eine arbeitswillige Mehrheit. Aber die obstruierende Minderheit setzte den Widerstand gegen die Forderungen der Krone hartnäckig fort, bis unter dem derzeitigen Ministerium Lukacs der Präsident des ungarischen Reichstags, Stephan Tisza, die parlamentarische Obstruktion bewältigt hat. Die Wehrvorlage, um die in erster Linie der Streit wogte, ist nach den Wünschen der Krone gestaltet. Aber die Wahlreform ist noch unerledigt. In bezug auf die Geltendmachung der national-magyarischen Ansprüche gegenüber den Nationalitäten unterscheiden sich Tisza und Genossen in keiner Weise von den früheren Machthabern, und die radikale Opposition ist nur beiseite geschoben und nicht vernichtet. Bisher sind alle Bemühungen vergeblich gewesen, zwischen der unbegrenzten Begehrlichkeit und dem zügellosen magyarischen Chauvinismus der ungarischen Gentry und ihrer Gefolgschaft einerseits und den aufgepeitschten Instinkten der Nationalitäten andererseits eine den Forderungen des dualistischen Gesamtstaates dienliche Verständigung zu erzielen. Der milde Sinn des greisen Herrschers verzichtet auf die rückhaltlose Anwendung der Machtmittel, die in Ungarn noch immer und, bei der Spannung des Magyarentums und der Nationalitäten, in gesteigertem Maße der Dynastie zur Verfügung stehen. Ob unter einem neuen Herrscher die Krone die gleiche Nachsicht walten läßt, steht dahin.

In Ungarn harren die Nationalitäten dem Tage der Befreiung entgegen. Kommt sie nicht von der Krone, dann könnten Slowaken, Ruthenen, Rumänen und Serbokroaten mit ihren Volksgenossen jenseits der ungarischen Grenzen Gemeinschaft suchen. Die rumänische und namentlich die südslawische Gefahr werfen schon ihre Schatten voraus. Wie die Magyaren von Österreich fortstreben, so streben die Kroaten von Ungarn los. In Kroatien ist in den letzten Jahren der Landtag zu wiederholten Malen aufgelöst worden. Jede Neuwahl hat eine der magyarischen Herrschaft feindliche Mehrheit ergeben. Den letzten Landtag hat noch vor seinem Zusammentritt ein gewaltsames Ende erreicht, man sagt, weil die Kroaten den Plan hatten, in offener Sitzung die Lostrennung von Ungarn zu verkünden. Von allen Nichtmagyaren sind jedenfalls die Deutschungarn die zuverlässigsten Staatsbürger. Hinsichtlich der Siebenbürger Sachsen wird das heute seitens des Magyarentums offen anerkannt, nachdem an dem tapferen Widerstand des kleinen Völkchens alle Versuche gewaltsamer Magyarisierung abgeprallt sind. Die Siebenbürger Sachsen sind dieselben geblieben wie vordem. Mutig bekennen sie sich zu ihrem deutschen Volkstum, ohne darüber auch nur im geringsten ihre Pflichten gegen den ungarischen Staat zu vergessen. Auf den Vorwurf, daß sie „nach Deutschland schielten", ist kürzlich von einem aus ihrer Mitte die männliche Erwiderung erfolgt: „Wir schielen nicht, wir sehen offenen Blickes nach Deutschland, der Wiege unseres Volkstums, nach dem Deutschland, das auch heute die Quelle unserer besten geistigen Kraft ist." — Die ungarische Regierung hat den Siebenbürger Sachsen gegenüber ihre Haltung geändert. Man läßt hier dem Deutschtum neuerdings Luft und Licht, wie sonst an keiner Stelle in Ungarn. Die Gründe liegen auf der Hand. In Siebenbürgen hat das rumänische Volkstum die Mehrheit. Es drängt sichtlich die Magyaren zurück und bedroht auch die Deutschen. Eine Vernichtung des sächsischen Volksstammes käme nicht den Magyaren, sondern den Rumänen zugute. Das Magyarentum hat also gerade hier ein Interesse an der unversehrten Erhaltung des deutschen Elements. Nebenher kann man die Siebenbürger Sachsen als die Renommierdeutschen Ungarns ausspielen, als lebendigen Beweis für die Großmut, die das Magyarentum den Deutschen gegenüber übt. Jedenfalls geht man überall sonst neuerdings mit gesteigerter Schärfe gegen jede Spur einer deutschnationalen Regung vor. Ist der Verdacht ganz unbegründet, daß man die Viertelmillion der Siebenbürger Sachsen auch aus dem Grund schont, um inzwischen den mehr als zwei Millionen der übrigen Deutschen in Ungarn die nationale Zukunft abzuschneiden. Das kleine Häuflein der Deutschen in Siebenbürgen bliebe dann als völlig belanglose Minderheit zurück. Das sind Vermutungen. Ob sie zutreffen oder nicht, dürfte an dem unerbittlichen Gang der Dinge nichts ändern.

Ungarn ist so wenig wie Österreich ein Nationalstaat, und es kann ein solcher nicht werden. Ziffernmäßig ist das Verhältnis der Magyaren zu der Gesamtheit der übrigen Volksstämme in den

Ländern der Stephanskrone ein wenig günstiger, als in Österreich das der Deutschen zur Gesamtheit der Andersſprachigen. Dafür ſtehen die Magyaren in Ungarn wirtſchaftlich nicht auf der gleichen Stufe wie die Deutſchen in Österreich. Man wird in Ungarn der magyariſchen Sprache dieſelbe Vorrangſtellung einräumen müſſen, die in Österreich der deutſchen Sprache gebührt. Ein weſentlicher Unterſchied bleibt doch. In der inneren Verwaltung dringt in Ungarn die magyariſche Sprache unaufhaltſam vor. Aber ſchon für die Armee langt ſie nicht zu. Für die ungariſche Landwehr iſt die magyariſche Kommandoſprache zum Schaden der Sache ertrotzt worden. Der kroatiſchen Landwehr gegenüber war die gleiche Forderung nicht durchzuſetzen. Und in der Frage der deutſchen Kommandoſprache für die gemeinſame öſterreichiſch-ungariſche Armee ſcheint die Krone zu ernſthaften Zugeſtändniſſen nicht bereit. Vollends im internationalen Verkehr muß die magyariſche Sprache notgedrungen auf jede Geltung verzichten. Das Magyariſche gehört nicht in den Zuſammenhang der indogermaniſchen Sprachen. Für den Mitteleuropäer gibt es bei Erlernung des Magyariſchen ſchlechterdings keinen Anknüpfungspunkt. Selbſt wenn in Ungarn jeder andere Laut verdrängt würde, ſo wäre es nur ein Kleinvolk, dem dieſes wildfremde Idiom zu eigen wäre, ein Kleinvolk, dem zuliebe die Welt ſich nie zur Gleichſtellung des Magyariſchen mit den großen Kulturſprachen verſtehen wird. Der nur Magyariſch-ſprechende iſt und bleibt außerhalb Ungarns ein Taubſtummer, der keinen Laut verſteht und der ſich niemandem verſtändlich machen kann. Die Sprache, die den Anſchluß Ungarns an die weſteuropäiſche Kulturwelt vermittelt, iſt in der Gegenwart genau wie im ganzen Verlauf der ungariſchen Geſchichte die deutſche. Schon heute verſpürt man in Ungarn peinlich genug die Zurückdrängung gerade dieſer Sprache. Ernſte Mahnungen werden von magyariſcher Seite laut, im eigenen Intereſſe die Schädigung wettzumachen, die die „patriotiſche" Abwendung vom Deutſchlernen bereits gezeitigt hat. Tatſächlich iſt auch heute noch die internationale Verſtändigungsſprache für Ungarn die deutſche. In Ofenpeſt erſcheinen 34 Handelsblätter in deutſcher Sprache, und die einzige ungariſche Zeitung, die außerhalb des Landes Beachtung findet, der Peſter Lloyd, muß ihre glühende Magyarenbegeiſterung in deutſchen Lauten ausſtrömen, wenn ſie nicht Gefahr laufen ſoll, unter Ausſchluß der nichtmagyariſchen Öffentlichkeit zu erſcheinen. Die deutſche Sprache iſt für Ungarn ſchlechthin unentbehrlich. Man verabscheut dort auch nicht gerade diese Sprache, sondern den deutschen Geist, der mit ihr den Deutschungarn immer wieder in die Seele dringt.

Die Siebenbürger Sachsen scheinen in ihrer festen deutschen Gesinnung fürs erste nicht ernstlich gefährdet. Aber der Deutsche ist nach den Erfahrungen der letzten Jahrzehnte auch anderwärts in Ungarn darauf gestoßen worden, was der ungehemmte Fortgang der eifrig betriebenen Magyarisierung für seine Kinder und Kindeskinder bedeutet. Namentlich unter den südungarischen Schwaben, dem an Zahl stärksten deutschen Stamm, regt sich ein kräftiges deutsches Empfinden. Auch in Westungarn reibt der deutsche Michel sich den Schlaf aus den Augen. Andernorts ist freilich die nationale Spannkraft bei den Deutschen allmählich erschlafft. So in Ofenpest und Umgegend, ebenso in der Zips, wo die aufstrebende deutsche Intelligenz nahezu restlos ins Magyarenlager übergeht und die Massen der Slowakisierung verfallen. Aber auch hier ist ein Wandel nicht unbedingt ausgeschlossen. Ganz abgesehen von den kulturellen Notwendigkeiten steht der ungarische Staat in mannigfachen Verknüpfungen, die eine weitergehende Unterdrückung des Deutschtums widerraten. Am wenigsten kommt dabei das Bündnis mit dem Deutschen Reich in Betracht. Nach Lage der Dinge fühlt das Deutsche Reich sich nicht berufen und befugt, in die inneren Verhältnisse eines befreundeten Staates einzugreifen. Aber ganz gleichgültig ist für Ungarn doch auch die Stimmung der reichsdeutschen Bevölkerung nicht. Das gute Einvernehmen hat, wie das Zustandekommen der letzten ungarischen Staatsanleihe zeigt, für Ungarn seine Annehmlichkeiten. Es könnte doch einigermaßen gedämpft werden, wenn ein reizbarer werdendes Volksempfinden bei uns den derzeitigen inneren Zuständen des magyarischen Staates mit lebhafterer Anteilnahme sich zuwendete. Vor allem aber sind es die 2½ Millionen Deutscher im Lande selbst, die so leicht nicht fortzuwischen sein werden, namentlich nicht, seitdem ihr deutsches Bewußtsein sich zu regen beginnt. Und dieser recht beträchtliche, kulturell außerordentlich wertvolle Volksteil gewinnt für das Magyarentum eine ganz neue Bedeutung, seit die südslawischen Absonderungspläne festere Gestalt annehmen. Die Durchführung des „trialistischen" Gedankens müßte Ungarn vom Meere abschnüren und seine Entwickelung zukunftslos gestalten. Es spricht so doch manches, auch vom ungarischen Standpunkt, für eine schonungsvollere Behandlung des dortigen Deutschtums.

Das wohlbegründete Anerkenntnis, das heute den Siebenbürger Sachsen von magyarischer Seite zuteil wird, daß sie die Treue gegen den Staat mit der Treue gegen ihr Volkstum ohne inneren Widerspruch zu verbinden wissen, verdienen alle ungarländischen Deutschen. Der ungarische Staat schafft sich nur selbst eine wertvolle Stütze, wenn er zu dieser Auffassung sich durchringt. Aus solchen nüchternen Erwägungen darf man die Erwartung schöpfen, daß auch an dieser Stelle das Deutschtum zu seinem Rechte kommen und sich erfolgreich in seiner Eigenart behaupten wird.

Rußland. Das europäische Rußland beherbergte nach der Volkszählung vom Jahre 1897: 1 719 000 Deutsche. Das ist bei einer Gesamtbevölkerung von 103 Millionen ein recht kleiner Bruchteil (1,6 v. H. der Gesamtbevölkerung). Aber auch hier ragt die Beschaffenheit dieser Deutschen so weit über den Durchschnitt der russischen Staatsangehörigen hinaus, daß sie kulturell ganz erheblich ins Gewicht fallen.

In den russischen Ostseeprovinzen reicht die deutsche Einwanderung bis in das letzte Drittel des 12. Jahrhunderts zurück. Hansische Schiffe haben wagemutige deutsche Kaufleute an die Küste Livlands getragen. Deutsche Missionare folgten auf dem gleichen Wege, und der Ritterorden der Schwertbrüder hat im 13. Jahrhundert dem Deutschtum in Estland, Livland und Kurland die politische Herrschaft erkämpft. Soweit sind es dieselben Kräfte, die in den großen Tagen der mittelalterlichen Kolonisation dem Deutschtum neuen Raum gewannen. Nur der deutsche Bauer hat den Weg an die ferne baltische Küste nicht gefunden. Was dort aufblühte, hat Lamprecht als die „erste deutsche Übersee-Kolonie" bezeichnet, und nur auf Landwegen ist der mittelalterliche Bauer in die Ferne gezogen. — Man hat die deutschen Balten mit den Siebenbürger Sachsen verglichen. Und es sind im Nordosten weit vorgeschobene Posten tüchtigen Deutschtums genau wie im Südosten das Sachsenvolk Siebenbürgens. Nur daß dem baltischen Deutschtum die sichere Grundlage eines deutschen Bauernstandes abgeht. Reiche deutsche Städte — Riga, Reval, Dorpat, Mitau — sind dort erstanden. Deutsche Burgen und Schlösser blicken stolz ins Land. Die städtische Intelligenz ist deutsch und der Großgrundbesitz ist in deutschen Händen. Ein selbstbewußtes Herrengeschlecht, haben diese Deutschen die breite lettische und estische Unterschicht zur Arbeit erzogen, sie aus tiefer Unkultur zu menschenwürdigem

Dasein erhoben, aber ihre Eindeutschung begehrten sie nicht. Nur für sich und die eigenen Nachfahren haben sie ihre hohen nationalen Güter festgehalten. — Seit 1710 steht Livland und Estland, seit 1795 Kurland unter russischer Staatshoheit. Dem russischen Staat haben die deutschen Balten außerordentliche Dienste geleistet. Eine unverhältnismäßig große Zahl russischer Staatsmänner, Feldherren und Gelehrter ist aus ihren Reihen hervorgegangen. —

In dem heute unter russischer Herrschaft stehenden Teile Polens sind gleichfalls schon im Mittelalter deutsche Siedler eingerückt. Das städtische Leben Polens dankt ihnen seinen Ursprung und die ersten Musterstätten landwirtschaftlichen Betriebes sind dort von ihnen geschaffen. Aber in dem weitgedehnten Flachland waren die vereinzelten Sitze deutscher Tätigkeit zu spärlich verteilt, als daß sie sich gegenseitig hätten stützen können. In dem drangsalvollen Verlauf der polnischen Geschichte hat die slawische Flut das alteingesessene deutsche Volkstum in Stadt und Land verschlungen. In dürftigen Resten ist an ganz wenigen Stellen deutsche Tätigkeit seit der mittelalterlichen Kolonisation ununterbrochen wirksam geblieben. Im 17. Jahrhundert fand sich neuerdings deutscher Zuzug ein. Es waren Flüchtlinge, die in den unruhigen Zeiten des Dreißigjährigen Krieges namentlich aus der Mark Brandenburg abwanderten. Dann führten die sächsischen Kurfürsten als Könige von Polen dem Lande deutsche Kräfte zu.

Vor allem war es Zar Peter der Große, der Ende des 17. und Anfang des 18. Jahrhunderts Rußland zu europäisieren unternahm und der zu diesem Zweck in besonders stattlicher Zahl Deutsche als Lehrmeister und Ordner nach Rußland zog. Seine besten Regimenter waren von deutschen Offizieren geführt; die Akademie der Wissenschaften, die Zar Peter 1724 unter dem Beirat von Leibniz in St. Petersburg errichtete, war ebenso wie die Universität Moskau von Männern der deutschen Wissenschaft maßgebend bestimmt. An beiden Instituten waren deutsche Leiter und Lehrer. — Noch immer aber fehlte auf russischem Boden der deutsche Bauer; die polnischen Gebiete kamen erst nach 1772 unter russische Botmäßigkeit. Noch bevor diese Ausdehnung Rußlands nach Westen hin erfolgte, beginnt unter Katharina II. eine umfassende deutsche Einwanderung, bei der das bäuerliche Element in vorderster Linie stand. Damals wetteiferten Preußen, Österreich und Rußland in der Heranziehung deutscher Kolonisten, die man vorzugsweise im Bereich der deutschen Kleinstaaterei anwarb. Man machte dort geradezu Jagd auf Auswanderungslustige und überbot sich in günstigen Anerbietungen. Russische Agenten überredeten selbst in Preußen und Österreich bereits angesiedelte Kolonisten zum Weiterziehen. Die Hauptmasse der neu zuströmenden deutschen Kräfte lenkte Katharina II. nach Südrußland. Es galt, die den Tataren abgenommenen fruchtbaren, aber menschenleeren Steppengebiete durch fleißige Hände nutzbar zu machen. An den Ufern der Wolga, am Schwarzen Meer, in Bessarabien, auf der Krim und im Kaukasus wurden von Katharina deutsche Ansiedler angesetzt. Glänzend haben die Deutschen die ihnen zugewiesene Aufgabe gelöst. Sie haben auch hier als Kolonisatoren ersten Ranges sich bewährt. Wirtschaftlich sind sie trefflich vorangekommen, abgesehen vom Wolgagebiet, wo die Verhältnisse sich in späterer Folge allmählich ungünstiger gestalteten. Im allgemeinen weist der kernige, handfeste Volksstamm eine ausgesprochene Familienverwandtschaft mit den deutschen Siedlern Südungarns auf. Zahllose Tochtersiedlungen sind von ihnen begründet worden. Von innen heraus ist ihre Zahl gewachsen, denn nur in verhältnismäßig geringem Umfange sind nach der Masseneinwanderung der 60er bis 70er Jahre des 18. Jahrhunderts bäuerliche Nachzügler bis zur Mitte des 19. Jahrhunderts aus Deutschland nach Südrußland gezogen. — Im Innern Rußlands selbst sind Verschiebungen eingetreten, namentlich in den polnischen Revolutionszeiten der 30er und 60er Jahre des vorigen Jahrhunderts sind deutsche Kolonisten aus Russisch-Polen nach Wolhynien in Westrußland übergesiedelt. Und aus Südrußland sind deutsche Dörfer weit ins asiatische Rußland verpflanzt worden, nach Transkaukasien, nach Sibirien und Turkestan.

Neben den Kolonistendeutschen beherbergt Rußland in seinen Städten deutsche Unternehmer, Kaufleute und Handwerker. In Moskau sind die Deutschen schon im 16. Jahrhundert heimisch. In St. Petersburg haben sie seit der Begründung der Stadt durch Peter den Großen eine bedeutende Stellung inne. Es ist kennzeichnend, daß die deutsche „St. Petersburger Zeitung" das älteste Preßorgan in Rußland ist. Mit der um 1820 einsetzenden industriellen Entwickelung Rußlands beginnt ein starker Zuzug Deutscher in die Grenzbezirke Russisch-Polens. Lodz ist unter entscheidender Mitwirkung der Deutschen zu einem hervorragenden Industrieplatz geworden. Ein Drittel seiner 300 000 Einwohner ist deutsch. — Die

Summe der deutschen Kulturleistungen in Rußland dürfte nicht leicht zu hoch veranschlagt werden. Um so peinlicher berührt die derzeitige Lage der Deutschen im Zarenreich. Merkwürdig widerspruchsvoll stellen die Verhältnisse sich dar. Alle Zeichen deuten in Rußland auf eine gründlich mißgünstige Stimmung der einflußreichen nationalistischen Kreise gegen das Deutschtum. Während durch Fürstenbesuche und offiziöse Kundgebungen die Unwandelbarkeit der freundschaftlichen Beziehungen zwischen Rußland und dem Deutschen Reich bekräftigt wird, werden die eingesessenen Deutschen nach Kräften eingeengt. Im Baltikum wird mit allen Mitteln an ihrer Russifizierung gearbeitet. In den westlichen Gouvernements ist seitens der russischen Regierung gegen die deutschen Kolonisten eine Ausnahmegesetzgebung in die Wege geleitet worden, die auf ihre Verdrängung von der Scholle abzielt. Die Duma hat dem Gesetz ihre Zustimmung versagt. Aber in Wolhynien, wo die deutschen Siedler als Pächter angesetzt sind, macht man sie durch Abweisung der Pachterneuerung heimatlos. Sie haben dort in harter Arbeit den Urwald gerodet und Sümpfe ausgetrocknet, eine Wildnis in Kulturland umgeschaffen. Aber rechtlich haben sie sich nicht genügend gesichert. Im Mai 1912 ging die Nachricht durch die Presse, daß die russische Regierung die Vorlage auf Abänderung der Bestimmungen über die Ansiedelung von Personen nichtrussischer Herkunft in Wolhynien und in den Gouvernements Kiew und Podolien zurückgezogen habe. Aber es verlautet bislang nichts von einer Milderung der schroffen Verwaltungsmaßnahmen, die in letzter Zeit gegen die dortigen Deutschen zur Anwendung kamen. In Odessa ist der 1906 gegründete und behördlich bestätigte deutsche Bildungsverein, dessen Bestrebungen ausschließlich auf Erhaltung und Förderung deutscher Kultur in den deutschen Kolonien Südrußlands gerichtet waren, 1911 aufgelöst worden, ohne daß ein stichhaltiger Vorwurf gegen ihn erhoben werden konnte.

So beobachten wir in der Behandlung der Deutschrussen ein unstetes Schwanken. Im allgemeinen überwiegt Mißtrauen und Übelwollen. Man bezeichnet die Deutschen als eine Gefahr für Rußland. Man weist darauf hin, daß sie in dichter Masse an der Westgrenze sitzen, daß sie im Falle eines Krieges mit dem Deutschen Reich die geborenen Spione und eine zuverlässige Hilfstruppe für den Feind wären. So wenig weiß man, oder gibt sich den Anschein, es nicht zu wissen, daß der Deutsche zum Verschwörer am schlechtesten sich eignet und daß seine stets bewährte Loyalität auch heute sein Tun und Lassen bestimmt. Der harmlosen Wendung „Deutsche Vorposten", die gelegentlich für die Volksgenossen im Auslande gebraucht worden ist, wird keck eine militärische Bedeutung beigelegt, obgleich nichts zu der Annahme berechtigt, daß das Wort je anders als im Sinne wirtschaftlich und kulturell bedeutsamer Beziehungen gemeint war. Man hat sogar unmittelbare deutsche Eroberungsabsichten entdeckt. Deutsche Karten, die nicht die politische Staatenabgrenzung, sondern die ethnographische Besiedelung und die Sprachenverbreitung darstellen, haben als Beweis für schlimme Absichten herhalten müssen. Auf diesen Karten ist für geschlossene deutsche Bauernsiedelungen in Rußland, also für deutschsprachige Gebietsteile, dieselbe Farbe verwendet wie für das sonstige deutsche Wohn- und Sprachgebiet. Das soll erhärten, daß deutsche Heißsporne diese Gebiete auf der Karte schon für das Deutsche Reich annektiert hätten. Auf diesen selben Karten sind natürlich breite Striche unserer Ostmark mit der gleichen Farbe gekennzeichnet, die das benachbarte Polentum in Rußland und Österreich kenntlich macht, und Nordschleswig erscheint dänisch und die Grenzstriche Lothringens französisch. Damit wäre also nach russischer Logik die Willensmeinung dargelegt, daß wir diese Gebiete den Polen, den Dänen, den Franzosen auszuliefern bereit wären. Über solche kindliche Possen braucht man wirklich kein Wort zu verlieren.

Die Lage der Deutschrussen hat eine unverkennbare Ähnlichkeit mit der der Deutschungarn. Ihre Pflichten gegen den Staat, dem sie angehören, erfüllen sie in vollstem Maße, aber sie begehren zugleich, ihre deutsche Sprache und Sitte festzuhalten. Der verflossene Ministerpräsident Stolypin hat — ohne die maßlosen Verdächtigungen der Chauvinistenpresse sich zu eigen zu machen — die geplante Zurückdrängung der deutschen Kolonisation in den westlichen Gouvernements lediglich mit dem Hinweis darauf begründet, daß die Deutschen ihre nationale Eigenart spröde wahren und auch nach Generationen nicht im Russentum aufgehen. — Es ist schwer vorauszusehen, was die Zukunft dem russischen Deutschtum bringen wird. Unter allen Umständen ist dieses Deutschtum ganz auf sich selbst angewiesen. An zwei Stellen verfügt es über ungewöhnliche Kräfte: im Baltikum und in den südrussischen Kolonien.

In den Ostseeprovinzen bildet seit Jahrhunderten ein kernhaftes Deutschtum die Oberschicht der Bevölkerung. Von zwei Seiten her ist es in den letzten Jahrzehnten hart bedrängt worden. Erstens von der nationalrussischen Strömung, die seitens der Regierung in jeder Weise begünstigt wurde. Gleichzeitig arbeitete von unten her der Sklavenhaß der Letten und Esten gegen die „deutschen Herren". Das Russentum sah beifällig zu, bis die Revolution 1905 unter entsetzlichen Ausschreitungen die Saat zur Reife brachte. Mit mannhafter Entschlossenheit sind die deutschen Balten für das eigene Recht und für die staatliche Ordnung eingetreten. Die wüsten Greuel und Zerstörungen haben ihren Mut nicht zu beugen vermocht. Auf den Trümmern haben sie den Neubau begonnen. Die autonomen Rechte der Deutschen in der Provinzialverwaltung boten dabei wertvolle Stützpunkte. Auch der politische Einfluß, den das baltische Deutschtum noch immer am Petersburger Hofe besitzt, erwies sich als nützlich. Vor allem hat in Würdigung der staatstreuen Haltung der Deutschen die russische Regierung unmittelbar nach der Revolution die schroffen Maßnahmen etwas gemildert. Von besonderer Bedeutung ist es, daß seit 1906 die deutschen Schulen, allerdings nur als Privatanstalten, wieder zugelassen sind. Seitdem regt sich das deutsche Element wieder mit frischer Kraft. Aber der begonnene Neuaufbau ist russischer Willkür überantwortet. Die deutschen Rittergutsbesitzer stehen vor der Gefahr, den estischen und lettischen Gemeinden eingegliedert zu werden. In den Städten gewinnt die lettische und estische niedere Bevölkerung an Zahl. Die schwerste Sorge für das baltische Deutschtum bleibt das Fehlen eines deutschen Bauernstandes, der stets die festesten Wurzeln in den Boden senkt.

Im Gegensatz zu der ausgesprochen aristokratischen Eigenart der deutschen Balten bildet ein kraftvolles Bauerntum den Kern des südrussischen Deutschtums. Die deutschen Kolonisten sitzen in breitem Bogen in den Randgebieten der südlichen Hälfte Rußlands, von der galizischen Grenze bis nach Bessarabien, an der Nordküste des Schwarzen Meeres, am Kaukasus und am Unterlauf der Wolga. Diese Deutschen sind namentlich in dem mittleren Teil des genannten Gebietes auf ausgedehnten Landstrecken so erfolgreiche Bewirtschafter, daß sie einen erheblichen Faktor des russischen Gesamtwirtschaftslebens darstellen. Sie sitzen in geschlossenen Massen als selbständige Bauern auf eigener Scholle und sind schon darum von außen schwer zu beeinflussen.

Über die Deutschen in Rußland äußert sich im „Tag" wiederholt ein geistvoller Schriftsteller, G. Prosoroff, der Lebensstellung nach

Rußland; Rassenstandhaftigkeit der Deutschrussen. Balten

Großgrundbesitzer in Südrußland und dort in unmittelbarster Fühlung mit den kräftigsten und leistungsfähigsten Kolonisten. Bezüglich der Rassenstandhaftigkeit des Deutschrussentums unterscheidet Prosoroff drei Kategorien:

1. die Balten der Ostseeprovinzen,
2. die Kolonisten in der Südhälfte,
3. in dünner Saat über das ganze weite Reich zerstreut und nur an wenigen Stellen zu größeren Massen verdichtet: Reste von Nachkommen deutscher Kulturpioniere und neu zugewanderte Reichsdeutsche, Deutschösterreicher und Schweizerdeutsche, endlich: Ausstrahlungen der beiden ersten bodenständigen Gruppen, der Balten und der Kolonisten.

Prosoroffs Bemerkungen über diese drei verschiedenen Gruppen sind im folgenden dem wesentlichen Inhalt nach wiedergegeben, da sie von allgemeinem Wert für die Beurteilung der nationalen Widerstandskraft von Minderheiten in fremdvölkischer Umwelt sind.

Die Balten halten ihre Nationalität stramm aufrecht, mit ausgeprägtem Selbstbewußtsein, erfüllt und gehoben von einer großen geschichtlichen Tradition. Der Gefahr der Russifizierung sind sie erst ausgesetzt, wenn sie aus ihrer engeren Heimat heraustreten. Es sind einzelne, die als Militärs oder Beamte in fremdsprachige Gebiete geführt werden, meist in höheren Stellungen. Sie erlangen engere Fühlung mit der Oberschicht der russischen Gesellschaft, und russische Umwelt, russische Schule, russische Wehrpflicht üben auf die nachwachsende Generation ihre Wirkung. Mischheiraten beschleunigen naturgemäß die Entnationalisierung, da nach russischem Gesetz Kinder einer griechisch-katholischen Mutter im griechisch-katholischen Glauben erzogen werden müssen. Aber die Abgesplitterten bilden unter den Balten doch die Ausnahme. Die Masse der im Stammland Verbleibenden hält „stolz und steifnackig" ihre nationale Eigenart aufrecht.

Die Kolonisten bilden nach Prosoroff einen unerschöpflichen Born eigener Stammesart. Geschlossene Gemeinden, sind sie auch konfessionell von der fremdvölkischen Umgebung geschieden und fühlen sich ihr wirtschaftlich und kulturell weit überlegen. Ihre Pfarrer und Lehrer flößen ihnen von Kindheit an die Liebe zu ihrer Eigenart ein. Ihr Nachwuchs ist zahlreich und Abbröckelungen sind rar. Prosoroff urteilt:

„Diese Deutschen werden auf lange Zeiten ein zäher Fremdkörper innerhalb des Russentums bleiben. Mit bäuerlichem Sparsinn vermehren sie ihren Wohlstand, mit bäuerlichem Eigensinn halten sie auch an den Gebräuchen, Sitten und Dialekten ihrer Väter fest. Ihr ganzes Sinnen und Trachten geht nach Land. In ihren Grund und Boden haben sie sich verbissen und erwerben mit stiller Zähigkeit immer neue Ländereien hinzu. Bienenstockartig lassen ihre reichen Kolonien ihren jungen Nachwuchs ausschwärmen, indem sie ihnen, dank den ausgezeichnet verwalteten Spar- und Leihkassen, irgendein heruntergekommenes Großgut verschaffen. So lassen sich Großvater-, Vater- und Sohneskolonien verfolgen, die eine der anderen entstammt. Urdeutsch bleiben diese Leute, aber auch Urbauern! Ob er seine Scholle als Einhüfner bearbeitet, oder sich mehrere tausend Hektare besten Landes erworben hat — in seiner ganzen Lebenshaltung bleibt dieser Deutsche plump, vierschrötig, jeder Verfeinerung der Lebensauffassung abhold, und an seinem altväterischen Deutsch kann man noch heute sofort feststellen, ob die Wiege seiner Ahnen in der Pfalz, in Schwaben oder Oberbayern gestanden. So unglaublich breite Dialekte findet man in Deutschland gar nicht mehr; dort haben sie sich längst abgeschliffen. Und auch die Gerissensten unter den Kolonisten, die sich mit Güterschlächterei, Kaufoptionen und Schiebungen, Pachtenschacher und ähnlichen stets mit dem Bodenbesitz zusammenhängenden Geschäften abgeben, besitzen eher verschmitzte Bauernschlauheit als eigentliche Geschäftsgewandtheit. Es ist klar, daß von einem so gearteten Stamme nur wenig Späne abfallen, um in andere Berufe überzugehen, und auch diese Späne sind meist so hart und harzig, daß sie sich von fremden Stoffen nicht durchquellen lassen und ihre Eigenart bewahren."

Man wird nicht sagen dürfen, daß „Liebe" diese Worte eingegeben hat. Es ist ein Beobachter, der von den nationalistischen Strömungen seines russischen Vaterlandes nicht unbeeinflußt geblieben ist, mit scharfem Blick und mit scharfer Zunge, aber unverkennbar ein Mann von hoher Bildung, dem auch die Verhältnisse im Deutschen Reich nicht fremd sind. Daß er in dem für unsere Betrachtung wichtigsten Punkt, hinsichtlich der zähen Anhänglichkeit an das deutsche Volkstum richtig gesehen hat, dafür zeugt das Verhalten dieser Kolonistendeutschen, wenn sie aus Rußland fortziehen, und anderwärts nochmals eine neue Heimat suchen. Nur in bezug auf die wirtschaftliche Lage hat Prosoroffs Schilderung nicht für alle deutschen Siedelungen in Südrußland uneingeschränkte Geltung. Im Südwesten und im Südosten sieht es leider etwas anders aus. Daß in Wolhynien die deutschen Pächter von der Scholle verdrängt werden, ist schon oben (S. 50) erwähnt. Und im Südosten im Wolgagebiet haben z. T. wirtschaftliche Verfallserscheinungen sich eingestellt, Verarmung und Proletarisierung. Es liegen also nicht überall die ökonomischen Verhältnisse so günstig wie am Nordufer des Schwarzen Meeres. Nur national sind diese deutschen Bauern nicht gefährdet. Wo ihnen das Dasein wirtschaftlich erschwert oder unerträglich ist, wandern sie ab. Sie ziehen nach Sibirien, nach Turkestan, vor allem nach Amerika; in Kanada, in den Vereinigten Staaten, in Brasilien und Argentinien setzen sie sich auf Neuland fest. Und überallhin tragen sie ihre deutsche Art in Sitte, Brauch und Glauben.

Endlich die dritte Gruppe. Im allgemeinen erweist sich das versprengte und zerstreute Deutschtum national am haltlosesten, namentlich soweit die einzelnen in Abhängigkeit von russischen Brotgebern kommen oder auf russische Kunden angewiesen sind. Also mittlere Angestellte, kleine Beamte, Agenten, Handwerker, kleine Kaufleute und Gasthofbesitzer, alle die Elemente, die in abhängigen Stellungen unterkriechen, oder als Geschäftsleute ihren Klienten sich anpassen und zu Munde reden müssen. Prosoroff verallgemeinert durchaus zutreffend: „Für alle unselbständigen Existenzen gewinnt nur zu leicht die kummervolle Notlehre Geltung: Weß Brot ich eß', des Lied ich sing'. Namentlich der Kundenfang, die notwendige Anpassung und Liebedienerei, die der kleine Geschäftsmann auf sich nehmen muß, das bricht der nationalen Widerstandskraft das Rückgrat." Für die in Rußland ansässigen Reichsdeutschen, die früher als besonders unzuverlässig galten, hat sich das seit der Begründung des Deutschen Reiches gebessert. Prosoroff bemerkt, daß dabei wichtiger noch als die politische Neugestaltung Deutschlands die großzügige Entwicklung des modernen Wirtschaftslebens sei, „der weltbeherrschende deutsche Handel, der erst seit dem Erstehen des Deutschen Reiches emporblühte". Nun erst erwuchsen in größerer Anzahl selbständige deutsche Handelsherren und große kapitalmächtige Organisationen, deren Vertreter sich als aufrechte und unabhängige deutsche Männer fühlen können. Die veränderten Wirtschaftsverhältnisse also bieten den starken Rückhalt. Das Bestehen des Deutschen Reiches als solches bildet nur den „moralischen Hintergrund", der allerdings von sehr erheblicher Bedeutung dadurch wird, daß der konsularische Schutz des neuen Deutschen Reiches eine Deckung gegen russische Beamtenwillkür schafft. Aber naturgemäß ist die Zahl der in unabhängiger Wirtsamkeit tätigen oder in gehobener Stellung befindlichen Reichsdeutschen in Rußland gering. Und so beobachteten wir zumal in den städtischen Zentren des russischen Reiches fast durchweg ein nationales Zurückweichen des deutschen Elements. Da bröckelt es ab. Und vielfach sind die Verluste auf überhandnehmende Russifizierung zurückzuführen. — In St. Petersburg, wo vordem bei

Hofe, im Militär und Beamtentum, im Gelehrtenstande, in Handel, Fabrikwesen und Handwerk der Deutsche stets von Bedeutung war, ist als unvermeidliche Wirkung der starken nationalistischen Strömung auf allen Gebieten ein stetiger Rückgang des Deutschtums zu verzeichnen. Es wurden dort 1897 noch 46000 Deutsche gezählt, überwiegend der Ober- und Mittelschicht angehörig. Deutsche Arbeiter gibt es nicht. In Handel und Industrie hat das deutsche Element noch immer ein beträchtliches Gewicht. Zahlreiche Handlungshäuser, darunter erste Firmen, gehören Deutschen. Ebenso haben einige Banken einen mehr oder weniger deutschen Charakter. Die industriellen Betriebe weisen durchweg deutsche Angestellte in großer Zahl auf. Deutsche Ärzte erfreuen sich eines bedeutenden Rufes. Dazu das altbegründete Ansehen der deutschen Unterrichtsanstalten, denen auch Angehörige russischer Familien anvertraut werden. Daneben weisen freilich andere Momente auf den Niedergang des deutschen Kultureinflusses. Die St. Petersburger Zeitung, das älteste Blatt in Rußland, die ihrem 200jährigen Jubiläum entgegensieht, ist von den russischen Zeitungen weit überholt. Seit 1890 das, Ausgang des 18. Jahrhunderts begründete, deutsche Hoftheater seine Pforten geschlossen hat, gibt es kein großes ständiges deutsches Theater mehr, und in der Akademie der Wissenschaften, deren Mitglieder in den ersten hundert Jahren ihres Bestehens vorwiegend Deutsche waren, werden die deutschen Namen seltener. — Noch deutlicher ist der Rückgang in Moskau. Nur in Handel und Industrie hat der Deutsche auch dort noch eine bedeutende Stellung inne, in den freien Berufen und im Handwerk ist er nur schwach vertreten. Dabei überwiegen unter den Deutschen die Reichsdeutschen. Die Zahl der Balten ist gering. Die Verrussung macht unverkennbare Fortschritte. Moskau hat drei lutherische Gemeinden. Zwei davon unterhalten große Kirchenschulen. In einer ist bereits die russische Unterrichtssprache eingeführt. Es gibt in Moskau noch eine deutsche Zeitung, aber der deutsche Klub ist nur noch dem Namen nach deutsch. — In Warschau wohnten 1897 15000 Deutsche. Ihre Zahl ist derzeit auf etwa 10000 gesunken. Deutscher Zuzug fehlt. Die Zuwendung, hier nicht zum Russentum, sondern zum Polentum, nimmt überhand. Darauf wirkt namentlich die offizielle Leitung der deutsch-lutherischen Gemeinde unter dem Generalsuperintendenten Bursche ein. — Odessa zählte 1897 etwas über 10000 Deutsche, die überwiegend im Handel tätig waren, dar-

Rußland; Deutschtum in den Städten. — Ausblick

unter viele Reichsdeutsche und Deutschösterreicher. Obgleich in steigender Zahl Söhne von Kolonistendeutschen zuziehen, die den städtischen Berufen sich zuwenden, ist eine Zunahme des deutschen Bevölkerungsteils nicht zu vermerken. — Dagegen ist in Saratow, dem städtischen Mittelpunkt der Wolgakolonien, die bereits 10 000 Seelen übersteigende Zahl der Deutschen im Wachsen. Allerdings findet sich, entsprechend der z. T. ungünstigen Wirtschaftslage der Wolgadeutschen, ein deutsches Proletariat ein, das vorzugsweise dem Arbeiterstand zuströmt. — Ein wirklich kräftiges Aufblühen des städtischen Volkstums ist nur in Lodz, dem russischen Manchester, zu verzeichnen. Dort hat seit der Zählung von 1897 die Zahl der Deutschen von 70 000 auf über 100 000 sich gehoben. Und das gleiche Bild bieten die kleinen Städte des Lodzer Fabrikbezirkes. Die Industrie ist dort meist durch Reichsdeutsche und Deutschösterreicher ins Leben gerufen. In den Fabriken sind Unternehmer, Leiter, Angestellte und qualifizierte Arbeiter fast ausschließlich deutsch. Daneben ist ein deutscher Kaufmanns- und Handwerkerstand erwachsen. In den höheren Schichten der Stadt überwiegt durchweg der Reichsdeutsche und der Deutschösterreicher. Die Arbeiterbevölkerung erfährt einen starken Zuzug aus den deutschrussischen Kolonien. Zahlreiche deutsche Schulen, darunter ein Realgymnasium, deutsche Vereine, drei deutsche Zeitungen sind die äußeren Merkzeichen des regen deutschen Lebens.

Es sind außerordentlich vielgestaltige Verhältnisse, unter denen in dem ungefügen russischen Riesenreiche die einzelnen Gruppen der Deutschen leben. Daran ist gar nicht zu denken, daß sie rasch und vollständig vom Russentum aufgesaugt werden könnten. Aber ihr Schicksal ist doch an mehr als einer Stelle unsicher. Das Deutsche Reich kann auf die inneren Verhältnisse des russischen Staates nicht die geringste Einwirkung ausüben. Wir haben kein Mittel, zu verhindern, daß Rußland die unter seiner Hoheit stehenden deutschen Bürger abstößt, oder doch ihre deutsche Eigenart auszulöschen sucht. Es sind Staatsangehörige, die sich zu allen Zeiten als zuverlässige Stütze der staatlichen Ordnung bewährt, die auch in die wirtschaftlichen Verhältnisse gesunde und ehrliche Grundsätze hineingetragen haben, an denen das russische Erwerbsleben keinen allzu großen Überschuß aufzuweisen hat. Der Entrechtung deutscher Stammesgenossen in Rußland stehen wir machtlos gegenüber. Aber eine andere Möglichkeit bleibt offen. Aus dem Baltikum haben wir stets einen erheblichen Zuzug von deutschen Intelligenzen erfahren. Namentlich die deutsche Wissenschaft verzeichnet in ihren Reihen klangvolle Namen in Fülle, die von dort herstammen. Einzelne sind schon früher politischem Druck gewichen. Jetzt erweitert sich der Kreis der Deutschrussen, die aus nationalen und wirtschaftlichen Gründen aus Rußland fortstreben. Es ist schon oben (S. 55) auf die starke deutschrussische Auswanderung nach Amerika hingewiesen. Neuerdings begehren und finden Kolonistendeutsche aus Rußland im Mutterland Unterkunft. Kürzlich hat der preußische Minister des Innern eine Verfügung erlassen, die sich eingehend mit den deutschen Rückwanderern aus Rußland befaßt und mit Ausnahme der Ostseeprovinzen der Reihe nach alle wichtigeren Siedelungsgebiete der Deutschrussen aufzählt. Die Verfügung will dem Fürsorgeverein für deutsche Rückwanderer in die Hände arbeiten. In Pommern, Ostpreußen und Brandenburg, sowie im Bereich unserer Ansiedelungskommission sind bereits etliche Tausend Deutschrussen als Gutsarbeiter und Ansiedler untergebracht worden. Für beide Kategorien haben wir noch überreichlich Bedarf und Raum. Es kommt hinzu, daß solche Rückwanderer auch in unseren Schutzgebieten Verwendung finden können. Die ministerielle Kundgebung hat eine entfernte Verwandtschaft mit den Maßnahmen deutscher Einzelstaaten, die nach Aufhebung des Ediktes von Nantes den französischen Hugenotten ihre Gebiete öffneten. Damals hatte es sich um protestantische Glaubensgenossen gehandelt, heute sind es bedrängte Stammesbrüder, die die alte Heimat aufnimmt.

Das übrige Europa. Im übrigen Europa finden sich bodenständige deutsche Siedelungen nur noch in der Dobrudscha, dem zu Rumänien gehörigen Landstrich südlich der Donaumündung. Dort sind in den 40er und 80er Jahren des vorigen Jahrhunderts Deutschrussen aus Bessarabien eingewandert. Heute sind es etwa 5000 deutsche Bauern. Sie bewahren treulich deutsche Sitte, Tracht und Sprache, letztere in den angestammten Mundarten. Noch heute kann man unter ihnen nach dem Dialekt Schwaben und Plattdeutsche unterscheiden. Soweit es ihre bescheidenen Mittel erlauben, sorgen sie auf eigene Kosten für deutsche Schulen. Der rumänische Staat denkt nicht daran, die ruhigen und nützlichen Leute national zu bedrängen.

Sehr viel bunter und mannigfaltiger ist das Bild, das uns das lockerer flutende Deutschtum in allen Staaten Europas zeigt. Es fehlt an keiner Stelle. Die Zahl der Auslanddeutschen ist mit einiger Sicherheit nur zu ermitteln, soweit Reichsdeutsche in Betracht kommen. Von ihnen war z. T. schon beiläufig die Rede. Die stattlichsten Ziffern weisen Schweiz (168 238), Rußland (151 102), Österreich (106 364), Frankreich (86 684), Belgien (53 408), Großbritannien (53 402) auf. Um die Gesamtzahl der Deutschen in diesen Ländern festzustellen, bliebe noch zu untersuchen, wie viele unter den bei ihnen weilenden Österreichern, Schweizern, Russen usf. als Deutsche anzusprechen sind. — Man schätzt die Deutschen der Balkanstaaten einschließlich der europäischen Türkei auf rund 78 000 Seelen, die der skandinavischen Staaten auf 57 000, in Italien auf 50 000, in Spanien und Portugal auf 6000. — Die stärkste Anziehung üben naturgemäß die großen Städte aus. Dort finden zuwandernde Fremde in den mannigfachsten Berufen ihr Brot. In Paris und in London mag die Zahl der Deutschen an je 50 000 heranreichen. Daß unter solchen Massen entwurzelte Existenzen, fragwürdige Elemente zu finden sind, ist nicht zu bezweifeln. Namentlich in dem internationalen Gemisch großstädtischer Verbrecher und Abenteurer fehlt auch der deutsche Einschlag nicht ganz. In Italien wird von unseren dort weilenden Landsleuten über deutsche Stromer Beschwerde geführt. Aber das sind doch Ausnahmeerscheinungen. Die tüchtigen und achtungswerten Kräfte überwiegen bei weitem. Besonders zahlreich sind in London und Paris deutsche Handlungsgehilfen vertreten. Vielfach suchen sie eine Abrundung ihrer kaufmännischen Bildung. Das veranlaßt sie, unter bescheidenen Bedingungen Stellungen anzunehmen. Man hört von deutschen Angestellten geradezu die Klage, daß die zahlreichen Volontäre den Preis für die gar nicht zu entbehrenden deutschen Kräfte drücken. Durchweg werden diese Deutschen als brauchbar und arbeitsam geschätzt, und das ist's, was weit mehr als das z. T. billige Angebot ihre zahlreiche Verwendung herbeiführt. Neben der Masse mittlerer und kleiner Angestellter gibt es gehobene Existenzen, deutsche Großkaufleute und sonstige Vertreter des besten deutschen Könnens und Wissens. — Von besonderem Gewicht erscheint für uns das Deutschtum der Balkanhalbinsel. Eine rühmliche und für das wirtschaftliche wie geistige Leben des Landes wichtige Stellung haben die Deutschen in Rumänien inne. In Rumänien, Serbien, Bulgarien steht deutsch als Handelssprache an erster Stelle. Die englische Sprache war in den Balkanstaaten stets im Hintertreffen. Das Französische wurde und wird von der schmalen Oberschicht gepflegt. In Bukarest, Belgrad, Sofia kam man längst mit Deutsch überall glatt durch; neuerdings gewinnt das Deutsche auch im Geschäftsleben der Türken, Levantiner und Griechen zusehends an Bedeutung. Namentlich in der Türkei hat Ansehen und Einfluß der Deutschen sich sichtlich gehoben. In Konstantinopel schätzt man die Zahl der Deutschen auf 15000, Reichsdeutsche, Deutschösterreicher und Schweizerdeutsche. Auch Saloniki und Adrianopel haben starke deutsche Kolonien, Kaufleute, Handwerker, Angestellte. Deutsche Erzieherinnen sind vielfach in türkischen Familien anzutreffen. Die Deutsche Schule in Konstantinopel gilt als die beste Bildungsstätte am Platz, und sie ist es auch ohne Zweifel. Soweit es ein modernes wissenschaftliches Leben in der Türkei gibt, hat die deutsche Wissenschaft daran einen reichlich bemessenen Anteil. Die Medizin steht dabei voran. Namentlich das heldenhafte Wirken Professor Rieders in Konstantinopel, des Schöpfers der dortigen medizinischen Institute, hat vorbildlich gewirkt. Weiter ist die türkische Armee stark deutsch beeinflußt. Sie verehrt in Goltz-Pascha ihren Organisator. Das alles trägt dem Mutterlande unmittelbaren Gewinn ein.

In dem engen Rahmen dieser Darstellung ist nicht daran zu denken, von der praktischen Betätigung dieser Auslanddeutschen, von ihrem nationalen Streben, von ihren Schulen, ihrem Kirchenwesen, ihren Zeitungen, ihren Vereinen und Klubs eingehender zu berichten. In allen fremden Hauptstädten, an allen größeren Seeplätzen und Handelszentren Europas sind Deutsche als Träger hervorragender wirtschaftlicher oder kultureller Bestrebungen zu finden. Die Personen wechseln, sie kehren zum größten Teil nach kürzerem oder längerem Aufenthalt in der Fremde in die alte Heimat zurück, und es rücken neue Kräfte an ihre Stelle. Die von den Deutschen geschaffenen Einrichtungen in Kirche, Schule und Vereinswesen haben also stets mit einem sicheren Bestand von Anwesenden zu rechnen. Es ist von unendlicher Wichtigkeit, gerade diese Einrichtungen dauernd zu festigen. Sie bilden das beste Bollwerk für die Erhaltung deutscher Eigenart in der Fremde. Heute, wo unsere veränderte Stellung in der Welt die Entsendung von Tausenden und Abertausenden von Deutschen in die Fremde zur Wahrung unserer eigensten Interessen erfordert, bilden diese Deutschen in der Zerstreuung einen wichtigen Teil des „Größeren Deutschlands". Ihre nationale Sicherstellung ist für uns eine Lebensfrage geworden. Die Verhältnisse sind dabei in Europa nicht wesentlich anders als in Übersee. Das Gleichartige der Lebensbedingungen für die Auslandbeutschen und der von ihnen zu bewältigenden Aufgaben ist, trotz aller örtlichen Verschiedenheiten, so klar ausgeprägt, daß Wiederholungen nicht zu vermeiden wären, wenn die einschlägigen Fragen für die deutsche Diaspora in Europa und Übersee getrennt behandelt würden.

Das Deutschtum in Übersee.

In Europa leben außerhalb des geschlossenen deutschen Sprachgebietes etwa 5 Millionen Deutsche. Die stattliche Zahl wird weit überholt durch unsere Volksgenossen in Übersee, die man gegenwärtig auf 14 Millionen veranschlagen darf.

Deutsche Überseewanderung. Eine kurze Betrachtung über die geschichtliche Entwickelung unserer Auswanderung erschließt uns erst das rechte Verständnis für die Schicksale der deutschen Überseer. Deutschland gehört nicht in die Reihe der alten See- und Kolonialmächte. Die starken Nationen, die seit dem Zeitalter der Entdeckungen in den Kampf um die Beherrschung der Überseegebiete eintraten, haben die Welt unter sich verteilt. Den Deutschen blieb das Nachsehen. Später als die anderen zogen die Deutschen übers Meer. Eine einigermaßen beachtliche deutsche Überseewanderung beginnt in bescheidenem Ausmaß gegen Ende des 17. Jahrhunderts. Stoßweise folgen im 18. Jahrhundert schon kleinere Massenauszüge. Erst im Laufe des 19. Jahrhunderts schwillt die Bewegung riesenhaft an. — Anfangs wirkten religiöse Beweggründe bestimmend ein. Konfessionelle Bedrängung hat kleinere Scharen veranlaßt, nach der Neuen Welt überzusiedeln. Salzburger Lutheraner, Rheinische Protestanten, Mennoniten und sonstige Sektierer zogen, in kleinen Gruppen, geschlossen in die Ferne. Noch im 19. Jahrhundert sind nach Einführung der Union in Preußen preußische Altlutheraner ausgewandert und württembergische Templer haben in Palästina sich niedergelassen. Im weiteren Verlauf ist als zweiter Beweggrund politische Unzufriedenheit zu erwähnen. Die Verfolgung der Burschenschaft seit den 20er Jahren des 19. Jahrhunderts hat eine Anzahl national begeisterter junger Männer nach Amerika hinübergescheucht. Dann wandten in den 30er Jahren Tausende aus der Kleinstaatenwelt des deutschen Südwestens der Neuen Welt sich zu. Das Scheitern der 48er Bewegung führte eine neue Hochflut politisch Mißvergnügter,

z. T. geistig bedeutende Männer, hinüber. Die gewaltigste Steigerung der Bewegung brachten doch wirtschaftliche und soziale Momente. In den Notjahren 1816/17 und 1846/47, in späteren wirtschaftlichen Krisen sind Hunderttausende über See gegangen. Dabei verschob sich der Schwerpunkt der Auswanderung vom Süden und Westen Deutschlands allmählich in die ostelbische Gebiete mit überwiegendem Großgrundbesitz. Es ist in hohem Grade kennzeichnend, daß seit den 80 er Jahren des vorigen Jahrhunderts, gleichlaufend mit dem wirtschaftlichen Aufschwung daheim, unsere Auswandererziffern stetig gesunken sind. — Die Nachwehen der konfessionellen Spaltung und die Vorwehen der politischen Wiedergeburt sind für die Geschichte der deutschen Auswanderung nicht ohne Bedeutung geblieben. Den eigentlichen Hintergrund bilden die großen wirtschaftlichen Krisen der Neuzeit.

Das Ziel der neuen Völkerwanderung war hauptsächlich Nordamerika. Übermächtig zog die Neue Welt alles an sich, was aus unbefriedigenden Verhältnissen herausstrebte. Die unvergleichlichen Hilfsquellen des Landes, die lockenden Aussichten auf lohnenden Erwerb, dazu der Reiz bürgerlicher Freiheit und die Gleichstellung der religiösen Bekenntnisse! Hier konnte jeder ein glänzendes Los erhoffen. Berichte vorausgegangener Landsleute wirkten aufmunternd und ermutigend. Wie einst im 12. Jahrhundert der Ruf zum Zug in die ostelbischen Gebiete erschollen war, in das Land, da Milch und Honig fließt, und das Raum habe für neue Kräfte, so ward nun Nordamerika das Land der Verheißung. Auch als die südamerikanischen Staaten nach ihrer Unabhängigkeitserklärung der Einwanderung freier sich öffneten und die moderne Entwickelung des Verkehrs mehr und mehr den Zutritt in alle Erdteile ermöglichte, behauptete Nordamerika seine überragende Anziehungskraft. Seit 1820 liegen die Berichte des statistischen Bureaus in Washington über die europäische Einwanderung vor. Nach ihnen sind von 1820—1910 etwa $5^1/_2$ Millionen aus Deutschland eingewandert. In den letzten 4 Jahrzehnten ist dabei unter „Deutschland" das neue Deutsche Reich zu verstehen. Etliche Hunderttausend Deutsche waren schon vorher drüben. Mit den Volksgenossen, die aus den deutschen Siedelungen in Rußland, aus der Schweiz, aus Österreich-Ungarn, aus Luxemburg kamen, dürfte noch ein Erkleckliches dieser Millionenziffer zuzuschlagen sein.

Wie anders sähe die Welt heute aus, wenn alle diese Millionen unter dem Schutz eines starken deutschen Staates in deutschen Kolonien eine neue Heimat gefunden hätten! An deutsche Kolonien aber war nicht zu denken, und so ließ man lange Zeit die endlosen Scharen fortziehen, sah sie womöglich als Abtrünnige und Überläufer an. Jedenfalls kümmerte man sich nicht weiter um sie. Der Satz, daß der Auswanderer seiner Staatsangehörigkeit verlustig gehe, war Gemeingut aller deutschen Teilstaaten. Die Vorstellung, daß man verkrachte Leute, deren die Familie sich schämte, am besten nach Amerika abschob, war noch vor wenigen Jahrzehnten in dem binnenländisch orientierten Deutschland allgemein verbreitet. Wohl regten sich bei klarblickenden Männern auch andere Gedanken. In der vormärzlichen Epoche weckte die beängstigend zunehmende Auswanderung das Gefühl, daß auf diesem Wege ein gar zu starker Aderlaß für unser Volk sich ergäbe. Namentlich Friedrich List predigte damals unermüdlich, daß das Riesenmaß abflutender Volkskräfte einen Wert darstelle, den man nicht sorglos preisgeben dürfe. Aber seine Anregungen, die überquellenden Massen nach Gebieten zu lenken, wo sie nicht der Gefahr ausgesetzt waren, in fremdem Volkstum sich zu verlieren, haben nicht durchgegriffen. Für die auftauchenden Pläne der Gründung eigener deutscher Kolonien und des Baues einer deutschen Flotte war die Zeit noch nicht gekommen. Erst die glückliche nationale Wiedergeburt unseres Vaterlandes hat für die praktische Teilnahme der Reichsdeutschen an überseeischen Unternehmungen und für deren Beurteilung daheim einen gründlichen Wandel eingeleitet. Freilich die Richtung des reichsdeutschen Auswanderungszuges ist auch heute noch nicht wesentlich verändert. Noch immer gehen gegen 90 v. H. unserer Auswanderer nach den Vereinigten Staaten. Allerdings hat die Zahl selbst sich stark verringert. Im letzten Jahrzehnt sind im Jahresdurchschnitt nur noch gegen 30 000 Reichsdeutsche über deutsche und fremde Häfen nach Übersee befördert worden. Von sachkundiger Seite, von der Berliner Zentralstelle für Auswanderer, wird die Ansicht vertreten, daß der heutige deutsche Zuzug nach den Vereinigten Staaten überwiegend durch verwandtschaftliche Beziehungen bestimmt sei und darum fürs erste durch den Hinweis auf andere Ziele nicht wesentlich abgelenkt werden könne. Und die Union nimmt wohl auch heute noch den größten Teil unserer Auswanderung auf, aber nicht den nach seinen Hilfsmitteln wertvollsten. Nach der Union gehen heute vom Reich aus der Mehrzahl nach Industriearbeiter. Wer als Pflanzer, als Farmer und Viehzüchter eine neue Stätte der Wirksamkeit sucht, der wendet sich in unsere eigenen Kolonien oder nach Südamerika, und in alle Welten strebt eine deutsche Eliteauswanderung, die trotz ihres ziffernmäßig geringen Umfanges eine deutlich wahrnehmbare Einwirkung auf die wachsenden Weltbeziehungen des Deutschen Reiches ausübt.

Vereinigte Staaten von Amerika. Es sind widerspruchsvolle Empfindungen, die den Deutschen erfassen, wenn er seines Volkstums in Nordamerika gedenkt. Unzweifelhaft hat auch dort drüben das deutsche Element rühmlich sich bewährt, hat ein gut Teil beigetragen zu der stolzen Entwickelung des großen Gemeinwesens. Man schätzt den deutschen Zuzug in den Vereinigten Staaten auf $1/4-1/3$ der europäischen Gesamteinwanderung. Wären diese Deutschen samt ihren Nachkommen deutsch geblieben, so müßte man heute 25—30 Millionen Deutscher drüben zählen. Es ist fraglich, ob nur halb soviel Deutschsprachige dort leben. Schätzungsweise wird die Ziffer auf 12 Millionen angegeben. Unter allen Umständen ist also Nordamerika ein Massengrab deutschen Volkstums geworden, wie kein anderes Gebiet.

Die Deutschen Amerikas waren ausgezeichnete Kolonisatoren. Ihre Leistungen als bäuerliche Siedler sind unübertroffen. Die deutschen Dörfer Pennsylvaniens werden noch heute als Garten Amerikas gerühmt. Diese Deutschen standen in der vordersten Reihe, wo es galt, den Urwald zu roden und der Wildnis blühende Felder abzugewinnen. Sie scheuten keine Mühe und keine Gefahr. Mit Vorliebe haben sie an der Indianergrenze sich festgesetzt. Mit mutigem Pioniersinn sind sie westwärts vorgedrungen. An der von Pennsylvanien aus begonnenen Erschließung des Westens haben sie einen hervorragenden Anteil. In allen wichtigeren Zweigen des Wirtschafts- wie des Kulturlebens haben sie sich rühmlich hervorgetan. Von den Verdiensten einzelner, wie z. B. Carl Schurz, zu reden, ist hier kein Raum. In den großen Kämpfen drüben standen die Deutschen immer geschlossen auf der Seite, wo das Recht und die Freiheit der neuen Heimat zu verteidigen war. Im Unabhängigkeitskrieg stellten sie tüchtige Truppen und ruhmreiche Führer. Noch bedeutender erscheint ihre Beteiligung am Sezessionskrieg, für den sie etwa 200 000 Mann, über 100 Obersten und gegen 20 Generale aufbrachten. Schwerer noch als ihre Kriegstaten und ihre wirtschaftliche Friedensarbeit wiegt, was die Deutschen an inneren Schätzen ihres Volkstums dem neuen Gemeinwesen zugeführt haben. Ein deutschamerikanischer Forscher, Julius Goebel, umschreibt mit knappen Worten die tiefste Einwirkung von deutschamerikanischer Seite: „In die düster prosaische Lebensführung des Puritanismus hat der Deutsche den Frohsinn und die Poesie des Lebens getragen, in den rohen Materialismus von Dollaria die Schätzung idealer Güter und gründliches deutsches Denken, freie Sittlichkeit und wahre Geistesfreiheit." Und doch haben die Deutschen keinen Erfolg im nationalen Sinne erzielt. Ihre größere Hälfte ist im Amerikanertum aufgegangen, und soweit sie deutsch geblieben sind, d. h. Deutsch als Muttersprache sprechen und bewußt an deutscher Art und Sitte festhalten, sind sie doch nicht als Deutsche in irgendeinem politisch gewendeten Sinne anzusprechen, sondern mit Ausnahme der Wenigen, die ihre Reichsangehörigkeit gewahrt haben, — als Deutschamerikaner, die im öffentlichen Leben ihres Staatswesens für ihre Sprache und für ihre Nationalität kein besonderes Recht erstritten haben. Um das zu verstehen, muß man sich gegenwärtig halten, daß Deutsche in wirklich beträchtlicher Zahl erst seit dem 19. Jahrhundert in Amerika eintrafen. Durch mehr als 150 Jahre hatten vorher die Stammstaaten der heutigen Union unter englischer Herrschaft gestanden. Die von Holland und Schweden begründeten Kolonien, in denen einzelne Deutsche eingesprengt waren, sind früh von England annektiert und unter englisches Gesetz und Recht gestellt worden. Seit den letzten Jahrzehnten des 17. Jahrhunderts kamen in langsam ansteigender Zahl Deutsche ins Land. Typisch für diese ältere deutsche Einwanderung ist die Ansiedelung der 13 Krefelder Mennonitenfamilien, die am 6. Oktober 1683 unter Führung von Franz Daniel Pastorius in Philadelphia landeten. Von ihnen ist Germantown begründet worden, heute eine Vorstadt Philadelphias. Germantown darf als die erste deutsche Siedlung gelten, die Dauer hatte, und darum ist der 6. Oktober von den Deutschamerikanern neuerdings zum nationalen Festtag erhoben worden. — In das Grund- und Lagerbuch der neuen Stadt Germantown schrieb Pastorius die Worte:

„Sei gegrüßt Nachkommenschaft! Nachkommenschaft in Germanopolis! Und erfahre zunächst aus dem Inhalt der ersten Seite, daß deine Eltern und Vorfahren Deutschland, das holde Land, das sie geboren und ernährt, in freiwilliger Verbannung verlassen haben — ach! ihr heimischen Herde! — um in diesem waldreichen Pennsylvanien, in der öden Einsamkeit, minder sorgenvoll den Rest ihres Lebens in deutscher Weise, d. h. wie Brüder, zuzubringen. Erfahre auch ferner, wie mühselig es war, nach überschiffung des Atlantischen Meeres in diesem Striche Nordamerikas den deutschen Stamm zu gründen. Und da, geliebte Reihe der Enkel, wo wir ein Muster des Rechtes waren, ahme unser Beispiel nach. Wo wir aber, wie reumütig anerkannt wird, von dem schweren Pfade abgewichen sind, vergib uns, und mögen die Gefahren, die andere liefen, dich vorsichtig machen. Heil dir, deutsche Nachkommenschaft! Heil dir, deutsches Brudervolk! Heil dir auf immerdar!"

Also, Pastorius wollte in der Neuen Welt „den deutschen Stamm gründen". Aber nur im Sinne innerlichster Gemeinschaft mit dem deutschen Brudervolk war das gemeint. Zwanzig Jahre später schreibt derselbe Pastorius seinen nach Deutschland zur Erziehung gesandten Söhnen: „Vergeßt nicht, daß euer Vater naturalisiert ist und daß ihr in einer englischen Kolonie geboren wurdet, folglich jeder von euch Engländer von Geburt ist." Völlig korrekt bezeichneten sich 1764 die Gründer der „Deutschen Gesellschaft" in Philadelphia als „Seiner K. Majestät von Großbritannien deutsche Untertanen in Pennsylvanien". — Als nach Abschüttelung der englischen Oberhoheit ein stärkerer Zustrom nichtenglischer Einwanderer, vor allem deutscher, erfolgte, waren Staat und Gesellschaft auf angelsächsischer Grundlage organisiert. Aus der englischen Vergangenheit hatte man Gesetz und Recht und die weitgehende Selbstverwaltung festgehalten. Verwaltung und Gericht, Kirche und Schule waren englisch. In dieses festgefügte Staatswesen rückten die Deutschen in steigender Zahl ein, ohne den Anspruch, ihr Volkstum politisch zur Geltung zu bringen.

Man muß den Gesamtzustand des damaligen Deutschland und die Besonderheit seiner Auswanderer sich vergegenwärtigen, um alles weitere zu verstehen. Deutschland war bei der Aufteilung der überseeischen Welt leer ausgegangen. Auch wirtschaftlich war Deutschland ins Hintertreffen gekommen gegenüber dem gewaltigen Aufschwung der großen See- und Handelsmächte. Die hohe geistige Blüte, die seit der Mitte des 18. Jahrhunderts in deutscher Dichtung und Wissenschaft sich entfaltete, blieb auf verhältnismäßig enge Kreise beschränkt. Das Volk war fromm und arbeitsam und jedem Machtwort gefügig. Deutschland war politisch krank. Physisch blieb es trotz allen Nöten gesund. Das bezeugt das gewaltige Maß an Volkskraft, das es an die Fremde abgab. Aber all die Tausende und aber Tausende, denen daheim unter religiösem und politischem Zwang die Luft zu drückend geworden, der Raum zu knapp in der kümmerlichen Enge unseres kleinstaatlichen Wirtschaftslebens, sie mußten unter

Vereinigte Staaten; Ursachen des mangelnden nationalen Erfolgs.

fremder Staatshoheit Unterschlupf suchen. Diese deutschen Einwanderer waren ohne jeden politischen Ehrgeiz. Sie kamen aus dem Polizeistaat. Gedrückte kleine Leute, gewohnt sich lenken zu lassen und für eigene Anteilnahme am öffentlichen Leben völlig unvorbereitet. Kein Wunder, wenn sie gegen das in Selbstverwaltung erprobte Anglo-Amerikanertum politisch überhaupt nicht aufkamen. Schlimmer noch war der Mangel an nationalem Stolz. Es waren Pfälzer, Schwaben, Hessen, oder wie sie sonst nach ihrer engeren Heimat hießen. Daß ihr „Ländle" ihnen in der Fremde hätte Schutz gewähren können, das wäre ein an Irrsinn streifender Gedanke gewesen. Für die richtige Einschätzung des Wertes deutscher Sprache und deutscher Kultur hatte die Heimat ihnen wenig oder nichts mit auf den Weg gegeben, und drüben begegneten sie allzuoft einer niederdrückenden Geringschätzung ihres heimischen Wesens. Es kommen die äußerlichen Schwierigkeiten hinzu, in fremdsprachiger Umwelt den Nachgeborenen die Muttersprache zu sichern. Wo nicht für deutschen Gottesdienst und deutschen Schulunterricht gesorgt werden konnte, da vollzog sich schon für die erste Geschlechtsfolge die Verschmelzung mit dem rasseverwandten Angelsachsentum. — In keinem der amerikanischen Staaten gewannen die Deutschen die Mehrheit, selbst in Pennsylvanien nicht, wo sie am stärksten vertreten waren. In einzelnen Bezirken Pennsylvaniens erlangten sie das Übergewicht, nicht im ganzen Staate. 1790 wurden in Pennsylvanien unter 434 373 Einwohnern kaum 150 000 Deutsche gezählt. In allen Staaten betrug 1790 bei einer Gesamtbevölkerung von 3 329 214 Seelen die Zahl der Deutschen 360 000. Daß der Einfluß selbst dieser geringen Zahl sich an einzelnen Stellen fühlbar machte, läßt die Äußerung Benjamin Franklins erkennen, wenn man nicht Gegenmaßregeln ergriffe, würden „sie die anderen Elemente germanisieren, anstatt daß wir sie anglisieren". Nach deutschen Darstellungen der amerikanischen Geschichte hat einstmals für die deutsche Sprache die Möglichkeit bestanden, als Landessprache anerkannt zu werden. Kurz nach dem Unabhängigkeitskrieg soll im amerikanischen Kongreß bei der Abstimmung über die Annahme des Deutschen oder des Englischen als Landessprache Stimmengleichheit sich ergeben und die Stimme des deutschen Kongreßvorsitzenden zugunsten der englischen Sprache entschieden haben. Das ist Legende. Eine solche Abstimmung hat im Kongreß niemals stattgefunden. Sie wäre auch in keinem Einzelstaate denkbar gewesen, nicht einmal in

Pennsylvanien. So stand es am Ausgang des 18. Jahrhunderts. Die Wirren der napoleonischen Kriege, die namentlich in den Jahren der Kontinentalsperre und des englisch-amerikanischen Krieges die Seeverbindung zwischen Europa und Amerika hemmten oder unsicher machten, haben für reichlich ein halbes Menschenalter den Zuwandererstrom unterbrochen. Damals gingen die deutschen Auswanderer wieder in stärkerem Zuge nach dem Osten Europas, nach Rußland und Ungarn. In Amerika aber schritt in dieser Zeit des stockenden Nachschubes aus der Alten Welt die Amerikanisierung der fremdsprachigen Minderheiten in beschleunigtem Maße voran. Gebildete, geistig hochstehende Deutsche fanden in etwas beträchtlicher Zahl erst im zweiten Drittel des vorigen Jahrhunderts sich ein. Es waren zumeist politische Flüchtlinge, die im Groll dem Vaterland den Rücken gekehrt. In ihrer Mehrheit humanistisch geschult, nicht national erzogen, waren sie zum Kulturdünger geradezu vorherbestimmt. Nur geschlossene bäuerliche und kleinstädtische Siedelungen, die sich deutscher Seelsorge und damit meist auch deutscher Schulen erfreuten, sind deutsch geblieben, besonders wenn durch regelmäßigen Nachschub aus der Heimat eine stetige Auffrischung des deutschen Blutes sich ergab. In gemischten Bezirken und durchweg in den größeren Städten ist der nationale Untergang unter fortgesetzten Opfern hauptsächlich durch solchen Zuzug abgewendet worden.

Das sind traurige Feststellungen. Aber ist es wirklich ein Schulbeispiel für eine außer Vergleich stehende nationale Haltlosigkeit? Wer wird behaupten dürfen, daß unter den gleichen Bedingungen ein anderes Volkstum seinen Bestand besser gewahrt hätte? Aus der Tatsache, daß trotz alledem drüben Millionen deutsch geblieben sind, wird man vielmehr folgern dürfen, daß in diesen Deutschen, selbst in den für unser Volkstum so wenig förderlichen Zeitläuften, ein starker Rest instinktiven völkischen Empfindens lebendig war. Wir sind zu dieser Folgerung um so mehr berechtigt, als unter anders gearteten Voraussetzungen aus der gleichen Epoche stammende deutsche Siedlungen, wie die der Schwaben im Banat oder in Südrußland eine gesunde nationale Lebenskraft bewiesen haben. Es ist schlechthin unhistorisch, wie es oft geschieht, die deutsche Siedlung in Amerika mit unserer mittelalterlichen Kolonisation in die gleiche Linie zu rücken und daraufhin den Deutschen Amerikas ein schlechtes nationales Führungszeugnis auszustellen. Im deutschen Mittelalter war es ein Vordringen auf politisch erobertem

Boden, oder ein von fremden Machthabern begünstigter Vorgang der Germanisierung. In Amerika waren die Deutschen nützliche Hilfs- und Arbeitskräfte, die einem selbstbewußten, fremdsprachigen Gemeinwesen sich eingliedern mußten. — Es hat einen Moment gegeben, da dem Deutschamerikanertum eine andere Zukunft zu winken schien. Es war nach 1870. Der deutsche Name strahlte im hellsten Glanz. Die deutschen Zeitungen, die deutschen Vereine nahmen in Amerika einen bedeutenden Aufschwung. In den Jahren 1871—73 und noch einmal 1880—83 wuchs die deutsche Einwanderung gewaltig an. Und der neu einwandernde Deutsche war nicht mehr derselbe wie von Anno dazumal. Das junge Geschlecht hat bei uns nach 1870 andere Eindrücke an sich aufgenommen; es war in nationaler Beziehung doch etwas besser ausgerüstet und es fand drüben eine andere Stimmung. Es war ein erstes deutliches Anzeichen gesteigerten deutschen Selbstgefühls, daß die Deutschen Pennsylvaniens den 6. Oktober 1883 in Philadelphia festlich begingen, als den 200jährigen Erinnerungstag an die Landung des Franz Daniel Pastorius. Bei der Feier hat Andrew White, der spätere amerikanische Botschafter in Berlin, die Bedeutung der Deutschen für die Union hervorgehoben:

„Man behauptet, daß die Vereinigten Staaten in nicht zu weiter Ferne 100 Millionen Einwohner haben werden. Die nationalen Eigentümlichkeiten werden sein: deutsche Gründlichkeit, Beständigkeit, Treue, angelsächsische Energie und Sicherheit, keltische Phantasie. Ist es nichts, daß ein deutsches Element in solche Gemeinschaft eintritt? Wir sind in Amerika gewohnt gewesen, von England als von dem Mutterlande zu sprechen, aber in späteren Zeiten wird für einen großen Teil der Bevölkerung, wahrscheinlich die Mehrzahl, Deutschland das Mutterland sein und zwar ein solches, von dem es weder Erinnerungen an Krieg, noch an Unrecht zu Wasser und zu Lande, scheiden."

Das Wort ist in einem Augenblick gesprochen, da die deutsche Einwanderung einen vorher nie erreichten Umfang erreicht hatte. 1880 waren 134 040 Deutsche in Amerika gelandet, 1881 und 1882 war die Zahl auf 249 572 und 250 630 gestiegen. Obendrein hatte die Statistik, gegenüber einem Geburtenrückgang auf anglo-amerikanischer Seite, die stärkere natürliche Volkszunahme der Deutschen festgestellt. So erklärt sich Whites Annahme einer zu gewärtigenden deutschen Mehrheit. Aber das Jahr 1882 bezeichnet den Höhepunkt der deutschen Einwanderung. Sie belief sich im Jahrzehnt von 1883—92 im Jahresdurchschnitt auf 123 000, sank von 1893 bis 1902 auf 35 000 im Jahr und der Abstieg hat sich auch im letzten Jahrzehnt fortgesetzt. Dafür flutet eine verstärkte Einwanderung aus dem Süden und Osten Europas nach Amerika. Das hat das Zahlenverhältnis für das deutsche Element noch weiter ungünstig verschoben. Allerdings nicht in dem Maße, als es nach der reichsdeutschen Statistik den Anschein hat. Denn unter den russischen Einwanderern sind Deutschrussen stattlich vertreten und es bleiben die Deutschen aus der Schweiz und aus Österreich-Ungarn zu berücksichtigen. Neuerdings haben Siebenbürger Sachsen in Amerika in festen Gruppen sich zusammengeschlossen.

Heute machen die Deutschamerikaner etwa 12% der Gesamtbevölkerung aus. In keinem Staat erreichen sie ein volles Drittel. Ein politisch ausschlaggebender Einfluß kann ihnen also nirgend zufallen. Aber ihre nationale Gesamtlage hat sich in den letzten Jahrzehnten doch unverkennbar gehoben. Allerdings fehlte und fehlt es nicht an Gegenströmungen. Es sind nativistische Vorurteile, die um so schärfer hervortraten, je mehr das Ansehen des deutschen Namens sich hob. Dazu kommt, daß die englisch-deutsche Spannung auf das Anglo-Amerikanertum zurückwirkt. Die englische Presse Nordamerikas wird sehr nachhaltig zuungunsten der Deutschen von London aus beeinflußt. Das geht nun schon Jahre zurück. Die Deutschamerikaner haben längst aufgehört, die Angriffe schweigend hinzunehmen. Am 1. Mai 1898 hat der amerikanische Admiral Dewey bei Manila die spanische Flotte vernichtet. Damals ankerte ein deutsches Geschwader in der Bucht von Manila. Zwischen dem amerikanischen und dem deutschen Admiral kam es zu Reibungen, die erfreulicherweise rasch beigelegt wurden. Die englischen Kriegsberichterstatter aber bauschten den Vorgang ins Ungeheuerliche auf. In den anglo-amerikanischen Zeitungen wurde das Deutsche Reich maßlos verdächtigt. Man suchte die nationale Stimmung in Amerika durch die Ankündigung deutscher Ländergier nach den Philippinen aufzustacheln. Die Jingopresse malte mit ihren „Krieg in Sicht"-Artikeln schon das Äußerste an die Wand. Da griff in machtvoller Bewegung das Deutsch-Amerikanertum ein. Am 27. März 1899 trat in Chikago eine aus allen Staaten der Union beschickte deutsche Versammlung den grundlosen Verdächtigungen mit scharfer Abwehr entgegen:

„Mit steigender Entrüstung haben wir die Hetzereien englisch-amerikanischer Zeitungen gegen Deutschland und gegen die Deutschamerikaner, sowie die Versuche wahrgenommen, die Vereinigten Staaten in ein Bündnis mit England zu verstricken. Als treue Bürger dieser großen Republik fühlen wir uns berechtigt und verpflichtet, diesem Unwesen fest entgegen-

zutreten. Die aus Deutschland Eingewanderten haben die Errungenschaf-
einer alten Bildung und Gesittung mit herübergebracht. Auf allen Gebieten geistigen Lebens, in Ackerbau, Gewerbe und Handel haben sie Her-
vorragendes geleistet und ihre Bürgerpflichten im Frieden wie im Kriege
stets voll und ganz erfüllt. Kein Volksteil der Vereinigten Staaten hat
mehr für die Pflege der Musik, der Kunst, der Geselligkeit, des Kirchen-
und Schulwesens getan als die Deutschen. Als gute Bürger dieses Landes
überliefern wir getreulich alle Errungenschaften der Kultur dem hier im
Werden begriffenen amerikanischen Volke. Aber wir erheben entschieden
Einspruch gegen den Versuch, unser Volk als ein „angelsächsisches" zu
einem Helfer Englands zu machen. Nicht England, sondern ganz Europa ist das Mutterland aller weißen Bewohner der Vereinigten Staaten. Wir wollen deshalb nicht nur mit Deutschland, das seit 120 Jahren
ein Freund unseres Volkes war, gute Beziehungen unterhalten, sondern
mit allen Völkern Frieden und Freundschaft pflegen. Dagegen wollen
wir, getreu dem weisen Rat Washingtons, weder mit England, noch mit
irgend einem anderen Staate ein Bündnis schließen, das uns in unnütze
Kriege verwickeln könnte. Mit allen gesetzlichen Mitteln und ganz besonders bei den Wahlen, werden wir alle diejenigen bekämpfen, die die maßlosen Hetzereien und törichten Bündnisbestrebungen begünstigen.

Wir beauftragen den Ausschuß, der diese Versammlung veranstaltet
hat, alle deutschen Kirchengemeinden, Vereine und Logen zur Erwählung
von Delegierten einzuladen, deren Aufgabe es sein soll, eine feste Ver-
einigung aller Deutschamerikaner zu schaffen und letztere zum Kampf
aufzurufen, wenn immer die höchsten Güter des Lebens und der Vereinigten Staaten durch gewissenlose und törichte Hetzer gefährdet werden. Wir
beauftragen den genannten Ausschuß, eine Abschrift, bzw. eine Über-
setzung dieser Erklärungen dem Präsidenten der Vereinigten Staaten,
seinen Ministern, sowie den Senatoren und Repräsentanten des Kongres-
ses mitzuteilen."

Die Chikagoer Tagung ist der Ausgangspunkt für einen festeren
Zusammenschluß der Deutschamerikaner geworden. Am 16. April
1899 wurde zunächst in Philadelphia der deutschamerikanische
Zentralbund von Pennsylvanien gegründet. Eine rege Werbetätig-
keit arbeitete auf eine umfassendere Organisation hin, und am
6. Oktober 1901 trat, wiederum zu Philadelphia, der Deutschamerikanische Nationalbund ins Leben.

Der Nationalbund stellt eine Zusammenfassung deutscher Vereine in den Vereinigten Staaten dar. Er zählt heute nahe an zwei
Millionen Deutschamerikaner als Zugehörige. Sein einfaches Programm zielt, fern von jeder Parteipolitik, auf die Erhaltung der
deutschen Sprache und Kultur. Seine politische Einwirkung beschränkt sich auf die Abwehr von Maßnahmen, die das Deutschtum
schädigen würden. So versucht der Nationalbund im Verein mit
den Iren ein Bündnis der Vereinigten Staaten mit Großbritannien zu verhindern. Weiter bekämpft er ungesunde Einwande-

rungsbeschränkungen und die puritanischen Übertreibungen der Temperenzbewegung und der Sonntagsheiligung. Positiv bemüht sich der Bund um alles, was der Erhaltung des Deutschtums förderlich ist. Er will für die Deutschamerikaner deutsche Schulen begründet sehen, wo sie noch fehlen, nicht nur Volksschulen, sondern auch Fortbildungsschulen, er drängt auf Einführung der deutschen Sprache als Unterrichtsgegenstand in den öffentlichen Schulen, auf die Pflege deutschen Gesanges, deutschen Turnwesens, deutscher Dichtung, deutscher Bühnenkunst, auf Förderung und Verbreitung der deutschen Presse, endlich auf gründliche Erforschung der amerikanischen Geschichte. Albert J. W. Kern, Ehrenpräsident der vereinigten deutschen Gesellschaften in Neuyork, hat im Oktober 1907 auf der Neuyorker Generalversammlung des Bundes erklärt: „Die amerikanische Geschichte muß umgeschrieben werden." Kern forderte, daß der Anteil der Deutschen am Ausbau der Vereinigten Staaten in die Geschichtsbücher der amerikanischen Schulen unverkürzt und unverfälscht eingetragen, und daß der englisch-amerikanische Anteil in das richtige Größenverhältnis zum deutschen und holländischen Anteil gebracht werde. Er schloß mit den Worten:

„Wenn unsere Kinder die ruhmreichen Taten kennen lernen, die die Deutschen daheim und draußen getan, wenn sie in der Schule erfahren, daß heute Deutschland und nicht England an der Spitze der Kultur und Zivilisation der Völker marschiert, dann wird das jugendlich empfängliche Gemüt begeistert zu den hehren Vorbildern einer großen deutschen Vergangenheit und Gegenwart emporblicken. Mit Stolz werden sie dann zu deren Nachkommen gehören wollen. Sie werden uns erhalten bleiben, zum Ruhm ihrer selbst, unseres teueren alten Vaterlandes und zum Segen der Vereinigten Staaten. Überdies ist die Forderung einer besseren Orientierung der amerikanischen Geschichte nur eine Forderung der Gerechtigkeit und der Wahrheit."

In der Tat erwächst aus den einschlägigen Studien immer klarer die zuverlässige Kunde von den bislang zu sehr in den Schatten gestellten Leistungen der Deutschamerikaner für ihre neue Heimat.

Die Einwirkungen der neuen Umwelt, die Blutmischung mit fremdem Volkstum übt naturgemäß ihre Wirkung auf die Deutschamerikaner. Dem trägt die weitherzige Auffassung Rechnung, die in dem Protokoll der 5. Konvention des Nationalbundes vom Oktober 1909 zu Cincinnati vertreten wird:

„Auch unser Deutschtum kennt keine politischen Grenzen. Für uns ist jeder ein Deutscher, der Gefühl für die Größe der deutschen Kulturgemeinschaft hat, jeder, der sich dieser Gemeinschaft gegenüber dankbar und verpflichtet fühlt, jeder, der sich gegen Abfall und Schädigung wehren will. Denn das Deutschtum, können auch wir sagen, liegt uns ‚im Gemüte — nicht im Geblüte'.

Die Bewegung ist noch zu jung, als daß heute schon zu übersehen wäre, welchen dauernden Erfolg das Streben der Männer zeitigen wird, die den deutschen Gedanken auch als Bürger der Neuen Welt hochzuhalten gewillt sind. Unter allen Umständen bleibt dem Nationalbund noch viel zu tun. Noch lange nicht das ganze Deutschtum ist drüben erweckt. Und unter den Anglo-Amerikanern sind Nativismus und Jingoismus noch immer eine Macht. Gewiß hat gerade das mannhafte Eintreten für die Sache des Deutschtums Eindruck gemacht. Die Zeiten sind vorüber, da in der amerikanischen Theaterposse der Deutsche die komische Figur abgab, ein gutmütiger, etwas schwerfälliger Tölpel, der von allen gehänselt wird und der stets das Nachsehen hat, weil er überall zu spät kommt. Und auch die Beziehungen der Union zu dem neuen Deutschland der Alten Welt haben sich gründlich gewandelt. Im Professorenaustausch gibt die steigende Wertschätzung der deutschen Wissenschaft sich kund. Der Empfang, der dem Prinzen Heinrich zuteil wurde, die Aufnahme, die Großadmiral Köster bei der Fultonfeier gefunden hat, legen Zeugnis für eine veränderte Stimmung ab. Es streiten im Amerikanertum Besorgnis und Anerkennung gegenüber dem neuen Deutschland miteinander. Bezeichnend sind die Vorgänge, die bei der Anwesenheit des deutschen Besuchsgeschwaders im Sommer 1912 sich abspielten. Die deutschen Kriegsschiffe wurden von amerikanischen Schiffen nach „Fort Monroe" geleitet. Dort fand die erste Begrüßung der deutschen Marineoffiziere statt, höflich, steif und achtungsvoll. Ob die Ortswahl ein zarter Wink sein sollte? Aber von Tag zu Tag steigerte sich die Herzlichkeit. Die Antwort des Bürgermeisters von Neuyork auf das Abschiedstelegramm des deutschen Admirals lautete: „Wir werden Sie und alle Ihre Offiziere vermissen, denn unsere Gefühle Ihnen gegenüber wurden mit jeder Stunde wärmer." Aus solchen Erscheinungen spricht eine erhöhte Wertschätzung auch des amerikanischen Deutschtums. Heute würdigt namentlich der gebildete Amerikaner in steigendem Maße die Bedeutung dieses deutschen Elements. Aber gerade darum begehrt man drüben seine volle Einschmelzung in die „neue Rasse", die aus dem transatlantischen Völkergemisch hervorgehen soll. An Zwang und Nötigung denkt man in keiner Weise. Man vertraut auf die Macht der Umstände, auf die sieghafte Kraft des amerikanischen Einheitsgedankens. Und so wird man trotz aller erfreulichen Regungen, die heute unter dem amerikanischen Deutschtum bemerkbar werben, doch keine zuversichtliche Antwort auf die Frage geben können, was die Zukunft bringt? Wir wissen, daß von den 25—30 Millionen, die drüben deutschen Blutes sind, der größere Teil dem deutschen Volkstum verloren ist.

Läßt der Übergang zum Amerikanertum sich aufhalten? Einen beachtenswerten Bericht über das amerikanische Deutschtum hat soeben Pfarrer Grisebach, der Geschäftsführer des evangelischen Hauptvereins für deutsche Ansiedler und Auswanderer in Witzenhausen, erstattet. Grisebach hat 1911 eine ausgedehnte Erkundungsreise in Nordamerika unternommen. Er ist vom Präsidenten Taft empfangen worden, er hat mit einer Reihe hervorragender Persönlichkeiten verhandelt, mit den Führern der größten Arbeiterorganisation, mit dem Sekretär der Einwanderungsaufsichtsbehörde, mit den Gouverneuren verschiedener Einzelstaaten. Überall ist er der gleichen Anschauung begegnet, daß der deutsche Einwanderer nach Ansicht der amerikanischen führenden Kreise in bezug auf seine inneren Eigenschaften die Einwanderer anderer Nationen überragt und darum gern gesehen ist. Gleichwohl erscheint dem Berichterstatter die Erhaltung des Deutschtums in Amerika als eine offene Frage, also keineswegs als etwas Gesichertes. Er glaubt, daß die Frage eng verquickt sei mit der Frage des deutschen Zuzugs, wenn nicht gar abhängig von ihr. D. h., falls der deutsche Zuzug noch weiter sinkt oder ganz aufhört, so besorgt er eine weitergehende Abbröckelung des amerikanischen Deutschtums, eine beschleunigte Amerikanisierung. „Es kostet Anstrengungen," sagt er, „die deutsche Sprache und den deutschen Gottesdienst vor der völligen Verdrängung durch das Englische zu bewahren. Der Kampf ist vergeblich, wenn es nicht gelingt, neue Mittel und Wege zur Stärkung des Deutschtums in Amerika zu finden." Als solche Mittel nennt er: eifrigere Pflege der Verbindung des amerikanischen Deutschtums mit der alten Heimat. Neben dem Professoren-, Lehrer- und Studentenaustausch empfiehlt Grisebach den Austausch deutscher und deutschamerikanischer Pastoren. Die deutschen Einwanderer will er nach Möglichkeit unzersplittert in solche Gebiete gelenkt wissen, wo sie Anlehnung an deutsche Volksgenossen finden, denen sie frisches Blut zuführen und die andrerseits den Ankömmlingen einen nationalen Halt geben. Vor allem betont er die Notwendigkeit, der in Amerika geborenen deutschen Jugend das Studium deutschen Wesens an der Quelle zu erleichtern. Er wünscht für befähigte

Söhne und Töchter weniger bemittelter deutscher Eltern Stipendien, die eine Ergänzung ihres Studiums im Deutschen Reiche möglich machen sollen. Das ist eine ganz besonders beachtliche, sachverständige Anregung, die sich vollständig mit den gleichgerichteten Bestrebungen des Vereins für das Deutschtum im Ausland deckt. In der Tat würden auf diesem Wege geeignete Kräfte herangezogen werden, die im Amerikanertum wurzeln und dort — gestärkt wie der Riese Antäus durch die Berührung mit der Muttererde — als Sachwalter deutschen Wesens wirken könnten.

Deutsche Kirche, deutsche Schule, Zuführung deutscher Bildung und Kultur, und Erziehung durch alle diese Kräfte zu nationalem Stolz, das sind in der Tat die Momente, die allein die Erhaltung des deutschen Volkstums verbürgen können. Die deutsche Kirche, die katholische wie die protestantische, hat Anerkennenswertes für die Pflege der deutschen Sprache und damit für die Erhaltung des Deutschtums geleistet. Die katholische Kirche entwickelt dabei in Nordamerika einen regeren Eifer als die protestantische. Es ist eine beachtliche Tatsache, daß der katholische Deutsche im allgemeinen drüben zuverlässiger deutsch bleibt als der deutsche Protestant. Bei dem deutschen Katholiken fällt das Moment der Religionsverwandtschaft mit den protestantischen Anglo-Amerikanern fort. Die protestantische Kirche hat bei dem Übergang einer deutschen Gemeinde ins Amerikanertum keinen Abfall von ihrem Glauben zu beklagen. Für die katholische Kirche bedeutet die Amerikanisierung eines deutschen Katholiken sehr viel leichter den Verlust einer Seele. Daher die auf den ersten Blick merkwürdige Erscheinung, daß die deutsch-katholische Kirche drüben zur nationalen Mahnerin wird. Aber die deutsch-katholischen Einwanderer treten ziffernmäßig stark hinter den protestantischen zurück, entsprechend der bekannten Tatsache, daß die deutsche protestantische Bevölkerung reger und unternehmungslustiger ist als die katholische. — Trotz der neuen Belebung des deutschen Gedankens nimmt der Abfall seinen Fortgang. Immer wieder tauchen die Klagen auf, daß die Verminderung des deutschen Nachschubs die nationale Widerstandskraft ganzer Gemeinden schwächt, daß selbst in gebildeten deutschen Familien auf die Erhaltung der Muttersprache kein besonderes Gewicht gelegt wird, daß das nachwachsende Geschlecht zum Anschluß an die vorherrschende Nationalität neigt. Ausgesprochen deutsche Körperschaften verlieren drüben ihr deutsches Gepräge. Kürzlich hat der Neuyorker Turnverein „Vorwärts", einer der ältesten und angesehensten deutschen Vereine, Englisch als offizielle Sprache in seinen Geschäftssitzungen eingeführt und gleichzeitig seinen Austritt aus dem New-Jerseyer deutschen Turnbezirk angemeldet. Der Nachwuchs hat sich mehr und mehr amerikanisiert. Der Mehrzahl der Mitglieder ist das Englische zur Umgangssprache geworden. Wer will voraussagen, wie lange dieser Nachwuchs die deutsche Sprache noch in zweiter Linie festhält. Gewiß, das sind Erscheinungen vor allem der Großstadt. Anderwärts erweist die Volkstreue sich lebendiger. In Dawenport (Staat Jowa) hat kürzlich ein mäßig begüterter Deutschamerikaner, Heinrich Köhler, letztwillig seinen Enkelkindern je 1000 Dollars vermacht, zahlbar mit Zinseszins am 25. Geburtstage, falls sie dann den Nachweis erbringen, daß sie der deutschen Sprache ebenso mächtig seien, wie der englischen, d. h. fließend Deutsch lesen und schreiben können. Aber gerade dieses Bekenntnis zur Muttersprache ist zugleich ein Wahrzeichen für die Gefahr, die dort im nationalen Sinne dem deutschen Volkstum droht. Es behandelt, was dem Fernerstehenden als durchaus selbstverständlich, als völlig natürlich erscheint, daß nämlich der Sproß eines deutschen Hauses Deutsch spricht und Deutsch schreibt, als etwas, was möglicherweise nicht eintreten könnte. Wir gewinnen letzten Endes immer wieder den Eindruck der Unsicherheit hinsichtlich der Zukunft des Deutschtums in Nordamerika.

Das gewaltige Reich der Union ist in jeder Beziehung noch im Werden begriffen. Wir wissen nicht, wie weit die politische Herrschaft der Union sich ausdehnt. Das ungeheure Fortschreiten der politischen Macht des Amerikanertums hat einen sehr wesentlichen Grund in der eifersüchtigen Spannung der europäischen Mächte. Ob hinsichtlich der europäischen Zwiespältigkeiten ein wirksamer Wandel eintritt, steht dahin. Wir wissen ebensowenig, welche Zukunft die Yankeerasse hat. Das alte Yankeetum, das maßgebend durch englisches Blut bestimmt war, ist unzweifelhaft schon heute stark abgewandelt. Amerikanische Beobachter haben den Gedanken ausgesprochen, daß, während in Britannien die germanischen Angelsachsen bis zu gewissem Grade romanisiert worden sind, in Amerika das Angelsachsentum wieder in stärkerem Maße germanisch beeinflußt würde. Das konnte zutreffend erscheinen, solange Deutsche, Holländer und Skandinavier die Hauptmasse der nichtenglischen Einwanderer stellten. Aber das ist heute bekanntlich nicht mehr der Fall. Italiener, alle Zweige der slawischen Völkerfamilie, russische und rumänische Juden bilden den neuen Zuzug. Schon die heutige amerikanische Mischbevölkerung könnte sich erst in einem durch eine Reihe von Geschlechtern fortgesetzten Verschmelzungsprozeß zu einer neuen Rasseneinheit umgestalten. Was aber wird aus den Millionen von Negern, und welcher Ausblick eröffnet sich, wenn die Union ihren Herrschaftsbereich südwärts ausweitet? Amerika ist auch in bezug auf die Entwickelung der Rasse das Land der unbegrenzten Möglichkeiten. — Völlig klar ist nur der bisherige Verlauf der Entwickelung und der heutige Stand der Dinge. Danach hat das deutsche Element in den Vereinigten Staaten die schwersten Verluste im völkischen Sinne zu verzeichnen. Wenn neuerdings unter den Deutschamerikanern der bewußte Wille lebendiger geworden ist, von der angestammten Sprache und Art zu retten, was noch zu retten ist, so soll das doch ihrer Staatstreue keinen Eintrag tun. Sie sind, abgesehen von dem unbeträchtlichen Bruchteil, der die deutsche Staatsangehörigkeit sich wahrt und der nur gastweise im Lande weilt, Angehörige der Union und fühlen sich als solche. Amerika ist ihr Vaterland. Dort haben sie Wurzeln geschlagen und dort soll die Zukunft ihrer Kinder erblühen. Die Bezeichnung „national" im Namen der großen deutschamerikanischen Vereine, wie „Nationaler deutschamerikanischer Lehrerbund" oder „Deutschamerikanischer Nationalbund" ist selbstverständlich nicht im Sinne von „deutsch-national", sondern von „amerikanisch-national" zu verstehen. Es sind im Gegensatz zu Vereinigungen innerhalb eines Einzelstaates der Union, Organisationen, die das Gesamtgebiet umfassen. Jede ihrer Kundgebungen stellt den Gedanken voran, daß sie in Erfüllung ihrer Staatspflichten sich von niemandem übertreffen lassen wollen. Ganz in demselben Geiste hat die vornehmste deutschamerikanische Zeitung, die „New-Yorker Staatszeitung", die Aufgabe der deutschen Presse in den Vereinigten Staaten umgrenzt:

„Die in deutscher Sprache erscheinenden Tagesblätter sind keine deutschen Zeitungen, sondern in deutscher Sprache abgefaßte amerikanische. Sie vertreten die amerikanischen Interessen ganz in derselben Weise wie die englischen. Sie bilden die Deutschen, die herüberkommen, zu guten und zuverlässigen amerikanischen Bürgern heran."

Ein selbständiges, abgesondertes deutsches Volkstum hat gerade nach dem Willen der Deutschamerikaner drüben keinen Raum. Es handelt sich für das deutsche Element in Amerika nur um die Wahrung deutscher Kulturgüter. Und das hat seine Bedeutung für das gesamte Deutschtum in der Welt. Möglich, daß die Tage der deutschen Umgangssprache in der Union gezählt sind. Nur wird niemand die Frist bemessen können. Sicher ist vorerst, daß der Einfluß der deutschen Kultur derzeit im Steigen ist. Die Äußerung des amerikanischen Austauschprofessors Coar: „Deutschland ist unser Griechenland!" zeichnet in glücklicher Prägung, was Amerika an edelsten Gütern aus Deutschland bezogen hat und weiter zu beziehen nicht aufzuhören braucht. Und es sind Kräfte erfolgreich am Werk, die deutsche Bildung und Kultur nicht nur dem Deutschamerikanertum, sondern dem ganzen großen amerikanischen Volke zuzuführen bestrebt sind. Wir vertrauen, daß auf solchen Wegen die guten Beziehungen, die zwischen der Republik jenseit des Meeres und dem deutschen Kernstaat stets bestanden haben, eine höhere Weihe erhalten, daß die beiden großen Gemeinwesen im innerlichsten Sinne Verbündete werden und für alle Zukunft bleiben. Direktor Josef Winter-Neuyork, der im August 1912 auf der Tagung des „Nationalen Deutschamerikanischen Lehrerbundes" in Berlin solchen Erwartungen beredten Ausdruck gab, wünschte, daß zur Förderung der Annäherung mehr Deutsche in die führenden amerikanischen Zeitungen hineinkämen und daß die amerikanische Presse ihre Nachrichten aus der alten Welt nicht nur über London beziehe. Nur in der letztgedachten Beziehung kann vom Deutschen Reich aus etwas geschehen. Nicht nur in Amerika, sondern überall draußen in der Welt werden wir darauf gestoßen, welche schweren Nachteile uns der Umstand einträgt, daß unsere eigenen Kabelverbindungen hinter denen Englands noch allzu weit zurückgeblieben sind. Es wäre denkbar, daß die Entwickelung der drahtlosen Telegraphie, an der die deutsche Wissenschaft einen so bedeutsamen Anteil hat, die Sachlage rascher als vordem zu hoffen stand, zu unseren Gunsten umgestaltet. Das Wichtigste bleibt doch, wie weit das Deutsch-Amerikanertum aus eigener Kraft sich behauptet, wieweit es ihm gelingt, das Gefühl des Stolzes auf die deutsche Abstammung und das Verlangen nach Aufrechterhaltung der Kulturgemeinschaft mit dem deutschen Volk auf Kind und Kindeskinder zu vererben. Vom Standpunkt des Deutschen Reiches aus ist eine verstärkte Zuwanderung nach den Vereinigten Staaten nicht zu wünschen, selbst dann nicht, wenn das Deutschtum in Amerika nur durch weiteren Nachschub aus der alten Heimat zu halten wäre. Heute ist ja, wie schon oben (S. 63) bemerkt wurde, die stark verminderte reichsdeutsche Einwanderung nach den Vereinigten Staaten zum größten Teil durch verwandtschaftliche Beziehungen zu Deutschamerikanern bedingt. Ein Einspruch gegen das gewählte Auswanderungsziel wäre unter solchen Umständen wirkungslos. Auch darauf ist bereits hingewiesen, daß heute in stärkerer Zahl als Reichsdeutsche, Deutschrussen, Schweizerdeutsche und Deutsche aus Österreich-Ungarn in die Neue Welt strömen. Die Gesamtheit des deutschen Volkes sieht also noch immer einen erheblichen Bruchteil seiner Stammesgenossen dem großen transatlantischen Gemeinwesen überantwortet. Und auch aus dem Reich könnte die Zahl der Auswanderer sich mehren. Jede länger andauernde Herabdrückung unserer Wirtschaftslage könnte eine solche Wendung herbeiführen. Dann wäre im nationalen Interesse eine in die weitesten Kreise dringende Belehrung über die zu bevorzugenden Auswanderungsgebiete dringend geboten. Schon heute könnte man versucht sein, all denen, die nicht durch persönliche Beziehungen und mit festen Aussichten nach drüben geführt werden, die Auswanderung nach den Vereinigten Staaten zu widerraten. Die Aussichten und Gelegenheiten sind heute nicht mehr so verlockend als vorzeiten, als man drüben menschliche Kräfte brauchte, als wahllos jeder Zuwandernde aufgenommen wurde und Land noch unter außerordentlich günstigen Bedingungen zu erlangen war. Schon rein wirtschaftlich liegen heute die Verhältnisse an mehr als einer anderen Stelle günstiger. Unter nationalem Gesichtspunkte könnte man vollends zweifeln, ob es gut getan ist, drohende Verluste durch neuen Einsatz abzuwenden. Zumal da die wertvollsten Elemente, Bauernsöhne und Landarbeiter für uns selbst schwer zu entbehren sind. „Solche Leute", so meinte Rathgen auf dem Kolonialkongreß 1905, „können wir selber brauchen," z. B. in unserer Ostmark. Soweit sie aber von dem Vorsatz nicht abzubringen sind, der Heimat den Rücken zu kehren, wird man ihnen nächst unseren eigenen Schutzgebieten vor allem Südamerika empfehlen dürfen.

Mittel- und Südamerika. Mittel- und Südamerika sind in ihrer Entwickelung hinter den Kerngebieten Nordamerikas auffallend zurückgeblieben. Der Erklärungsgrund liegt in der verschiedenartigen Einwirkung von außen. Spanien und Portugal, denen Mittel- und Südamerika zugefallen waren, haben aus dem eigenen Volkstum keine ausreichende Einwandererzahl stellen können. Fremder Zuzug wurde eifersüchtig ferngehalten. Infolgedessen haben die üppigen Gebiete lange Zeit die reiche Befruchtung entbehren müssen, die eine freier gestaltete europäische Masseneinwanderung nach Nordamerika geführt hat. Seit auch in „Latein-Amerika" die Schranken gefallen sind, entfaltet sich dort in weiten Gebieten ein ganz erstaunlich frisches Vorwärtsstreben.

Mittelamerika ist subtropisches Gebiet. Südamerika erstreckt sich vom Äquator bis an die kalte Zone heran. Die noch immer dünne Bevölkerung umfaßt starke Bestandteile farbiger Einwohner. Bei der von Anfang an ziffernmäßig geringen spanischen und portugiesischen Einwanderung blieb den eingeborenen Indianerstämmen ein breiter Raum. Im Innern Südamerikas und in Patagonien herrscht noch heute der Indianertyp vor. In den subtropischen und tropischen Gebieten hat eine starke Negereinfuhr stattgehabt. Durch vielverzweigte Kreuzung sind die verschiedenartigsten Mischrassen entstanden. Als selbständige Kulturträger haben die Farbigen sich bisher noch nirgends hervorgetan. Und so sind die Standorte und Gebiete einer erfolgreich aufsteigenden Entwickelung dort zu finden, wo Klima, Verkehrslage und geschichtliche Entwickelung eine stärkere Geltendmachung der weißen Rasse zugelassen haben. Das ist zunächst durchgängig an den Küsten der Fall, sodann im ganzen Bereich der gemäßigten Zone, vor allem in Südbrasilien, in Chile, in Argentinien, wo die weiße Bevölkerung am stärksten vertreten ist. — Mexiko und die kleinen Republiken Mittelamerikas: Guatemala, Honduras, Salvador, Nikaragua und Kostarika, haben genau wie die südamerikanischen Staaten seit Erlangung der politischen Unabhängigkeit immer wieder die schwersten inneren Erschütterungen durchgemacht. Nur die Südstaaten Südamerikas, die ein abgeklärtes, von Neger- und Indianerblut weniger beeinflußtes Volkstum aufweisen, sind allmählich in ruhigere Bahnen eingelenkt, sie erscheinen heute als die zukunftsreichsten Gebiete Latein-Amerikas.

Als im ersten Viertel des vorigen Jahrhunderts die Unabhängigkeitsbewegung der mittel- und südamerikanischen Völker einsetzte, da hat man in den Vereinigten Staaten die Vorgänge mit größter Aufmerksamkeit verfolgt. Die Vereinigten Staaten beeilten sich, die neuen Freistaaten anzuerkennen und mit ihnen Handelsverträge zu schließen. Um jede politische Einmischung Europas fernzuhalten, stellten sie die Monroedoktrin auf: „Amerika den Amerikanern". Vor allem erwarteten sie dabei eine Kräftigung ihres eigenen Handels. England rüstete sich gleichfalls, seine geschäftlichen Interessen zu fördern, und auch Frankreich war am Platz. In Deutschland sind es zunächst allein die Hansestädte gewesen, in denen die Bedeutung der politischen Umwälzung Mittel- und Südamerikas gewürdigt wurde.

Schon die Unabhängigkeitserklärung der englischen Kolonien Nordamerikas hatte eine wichtige Etappe in der Entwickelung des neuhansischen Handels gebildet. Noch weit aussichtsreicher erschien die Eröffnung Südamerikas. Die ersten Hamburger Firmen begehrten die Anerkennung der neuen Freistaaten, wie sie zuerst von seiten der Union erfolgt war. Nach der Freiwerdung Brasiliens äußerte die Hamburger Kommerzdeputation sich in einem Schreiben an den Hamburger Senat mit nahezu enthusiastischen Worten: „Es tritt eine neue Epoche in der Handelsgeschichte ein, gleich der, wie Amerika entdeckt und der Weg um Afrika herum gefunden ward. Der Welthandel nimmt einen neuen Schwung. Die alte Handelspolitik stürzt. Es sind neue Ansichten, die sich Bahn brechen durch den Gang der veränderten Zeiten." Dem versammelten „Ehrbaren Kaufmann" verkündete der Präses der Korporation in sichtlich gehobener Stimmung: „Hamburg hat Kolonien bekommen!" Der Hamburger Senat ging nicht so stürmisch vor. Man knüpfte nur vertrauliche Besprechungen mit den Vertretern der neuen Freistaaten an. Jedenfalls sicherte man sich direkte Verbindungen, und die Kommerzdeputation faßte als nächstes Ziel ins Auge: Hamburg müsse, „als erster Seehafen Deutschlands seinen Platz behaupten, dem inneren Deutschland den Handel öffnen nach anderen Gegenden, nicht die Hände in den Schoß legen, nicht den Kaufmann des inneren Deutschland seine Wege sich selbst suchen lassen". In der Tat haben Hamburg und Bremen ihre beste Kraft daran gesetzt, dem deutschen Handel neue Gebiete zu erschließen, der deutschen Industrie neue Absatzmöglichkeiten zu schaffen. Ihrer Regsamkeit ist der Ausbau der Schiffsverbindungen auch mit Südamerika zu danken und ein gut Teil der deutschen Kolonisation, namentlich in Brasilien, ist durch Hamburger Vermittelung erfolgt. Gewiß fanden die Vorgänge in Südamerika allmählich auch anderenorts in Deutschland Beachtung. Aber der hanseatische Unternehmungsgeist ist mutig vorangeschritten. Es ist schon oben (S. 63) erwähnt, daß in den 30er und 40er Jahren des 19. Jahrhunderts die zunehmende deutsche Auswanderung allmählich nationale Beklemmungen weckte. Man wünschte, die deutschen Auswanderer dem deutschen Volkstum erhalten zu sehen. Man hatte bereits zur Genüge beobachtet, wie leicht vom stammverwandten

Anglo-Amerikanertum das protestantische Deutschtum aufgesaugt wurde. In der romanisch-katholischen Umwelt Mittel- und Südamerikas durfte man eine zuverlässigere nationale Widerstandskraft der Deutschen erwarten. Nicht nur national begeisterte Gelehrte, auch Berufspolitiker, hohe Staatsbeamte und Glieder deutscher Dynastenfamilien wandten sich in den 40er Jahren kolonialen Plänen zu. Die mit unzulänglichen Kräften unternommenen Bemühungen stießen auf englischen Widerstand und blieben ohne Ergebnis. In aller Stille war inzwischen doch ein Bruchteil der deutschen Auswanderung nach Südamerika abgelenkt worden. Einigermaßen aussichtsreiche Erfolge erzielten einige Gesellschaften, die Südbrasilien ins Auge gefaßt hatten, insbesondere der 1849 gegründete Hamburger Kolonisationsverein mit der Ansiedlung Donna Francisca, das Unternehmen des Dr. Blumenau (1850) und die Kolonie Santo Angelo (1857). Die brasilianische Regierung, Chile, Peru und andere südamerikanische Staaten bemühten sich selbst um Heranziehung deutscher Kolonisten. Einer der Gründe, der deutsche Einwanderer in besonderem Maße erwünscht erscheinen ließ, war, abgesehen von ihrer unermüdlichen Tatkraft und Arbeitslust, der Umstand, daß hinter ihnen keine starke Staatsmacht stand. Engländern, Franzosen, Spaniern mußte man stets rücksichtsvoller begegnen. Kamen sie zu Schaden, wurden sie schlecht behandelt, dann trat die heimische Regierung für sie ein. Nötigenfalls erschien ein Kanonenboot, um Entschädigungsforderungen wirksam zu unterstützen. Das war bei deutschen Kolonisten nicht zu besorgen, auch wenn ihnen gelegentlich übel mitgespielt wurde. Immer wieder erhoben sich deutsche Klagen über die Vermessung der zugesagten Ländereien, über Unsicherheit der Besitztitel und Willkür der Verwaltungsbehörden. In den mittel- und südamerikanischen Staaten herrschten eben noch keine klar geordneten Verhältnisse. Namentlich Peru und Brasilien erwiesen sich als ein ergiebiges Feld für gewissenlose Unternehmer und Auswanderungsagenten. Am unerquicklichsten erschienen die Zustände in einzelnen Teilen Brasiliens. Die Spekulation hatte sich früher schon der schutzlosen deutschen Auswanderung zugewendet. Dereinzelt waren ähnliche Mißstände auch in Nordamerika hervorgetreten. Aber jetzt häuften sich die Fälle. Deutsche Zuwanderer gerieten in eine neue Art von Sklaverei. Sie sahen sich unter wucherischen Bedingungen an die Scholle gebunden, sich und ihre Kinder einem schnöden Menschenhandel ausgeliefert. Engländer oder Franzosen hätte man so nie zu behandeln gewagt. Angesichts solcher Vorkommnisse hat die preußische Regierung am 5. November 1859 jede Vermittelung von Auswanderung nach Brasilien untersagt. Es ist das vielberufene v. d. Heydtsche Reskript. Baden und Württemberg schlossen sich dem preußischen Vorgehen an. Damit war für die deutschen Landesteile, die die zahlreichsten Auswanderer stellten, der Weg nach Brasilien, wenn nicht ganz verlegt, so doch erheblich erschwert. Es war zugleich der deutschen Reederei ein empfindlicher Schlag versetzt. Denn ganz wurde auch aus den gesperrten Gebieten die Auswanderung nach Brasilien nicht verhindert; sie mußte jetzt nur den Weg über Antwerpen und Amsterdam nehmen. Glücklicher wäre zweifellos ein Einschreiten bei der brasilianischen Regierung gewesen. Aber ein solches hätte angesichts der Flottenohnmacht der beteiligten deutschen Staaten schwerlich den nötigen Eindruck gemacht. So blieb keine andere Wahl. Nur das schroffe Verbot schien den Mißbräuchen vorbeugen zu können. Freilich wurde mit dem Verbot die Überführung des deutschen Bevölkerungsüberschusses in zukunftsreiche Gebiete für längere Zeit unterbunden. Erst 1896 ist das Heydtsche Reskript aufgehoben worden. Seitdem macht die deutsche Besiedlung in Brasilien stattliche Fortschritte. 1897 hat der seit 1849 bestehende Hamburgische Kolonialverein unter Teilnahme zahlreicher Exportfirmen und der ersten deutschen Reedereien zur „Hanseatischen Kolonialgesellschaft" sich erweitert. An jenem Zeitpunkt hatte die deutsche Auswanderung auch schon nach Chile und Argentinien sich gewendet und die zunehmende Verflechtung des Deutschen Reichs in den Weltverkehr hatte mehr und mehr in alle Teile Mittel- und Südamerikas tüchtige Einzelkräfte geführt.

Überblickt man die heutige Stellung der Deutschen in Lateinamerika, so treten in den subtropischen und tropischen Gebieten deutsche Handelsniederlassungen bedeutsam in den Vordergrund. Ein gewaltiger, noch weiter wachsender Güteraustausch zwischen der deutschen Heimat und jenen reichen und aufnahmefähigen Gebieten wird durch deutsche Geschäftsleute vermittelt. Allerdings macht von Mexiko bis Venezuela, Kolumbien und Peru die politische Unsicherheit immer von neuem sich störend bemerkbar. In den Berichten der Hamburger Handelskammer begegnet Jahr für Jahr der Hinweis auf Revolutionen oder Revolutiönchen in diesen Freistaaten, oder auf schädigende Nachwirkungen politischer Unruhen. Wenn einmal in einer dieser Republiken der Friede im Berichtsjahr gewahrt bleibt, so wird das als eine erfreuliche Ausnahmeerscheinung hervorgehoben. Insurrektion und Bürgerkrieg sind dort so ganz an der Tagesordnung, daß das internationale Völkerrecht Schäden, Bedrückungen oder Erpressungen, die fremde Staatsangehörige seitens der Aufständischen zu erleiden haben, mit solchen, die ihnen durch wilde Stämme zugefügt werden, die den Gehorsam gegen die Regierung nicht anerkennen, auf die gleiche Stufe stellt. Eine Haftbarmachung der betreffenden Regierungen fällt fort, sofern nicht ein Verschulden oder ein Mangel an schuldiger Sorgfalt seitens der Behörden oder ihrer Organe vorliegt. Trotz all solcher Fährnisse bieten gerade diese Republiken Musterbeispiele dafür, mit welcher Tatkraft und Ausdauer das Deutschtum sich in ihnen zur Geltung bringt, und welche Vorteile daraus nicht nur dem deutschen Mutterlande, sondern ebenso der wirtschaftlichen und kulturellen Entwickelung jener noch primitiven Länder zufließen. Es ist nicht die Absicht dieses Werkchens, die Verhältnisse der Deutschen in den 16 Republiken dieses ausgedehnten Gebietes im einzelnen zu beleuchten. Nur das Typische soll an einigen Beispielen hervorgehoben werden. Zuverlässige statistische Daten stehen uns nur in geringem Umfange zur Verfügung. Für Mexiko sind solche neuerdings bekanntgegeben worden.

Dort hat das deutsche Generalkonsulat gelegentlich der Vorarbeiten für das neue Gesetz über die Reichsangehörigkeit Fragekarten an die erreichbaren Deutschen versandt und Aufrufe in den dortigen deutschen Zeitungen erlassen. Die nicht lückenlos eingelaufenen Meldungen geben über 3584 Personen Auskunft. Aus dem Staate Chihuahua sind infolge der politischen Wirren alle Mitteilungen ausgeblieben. Die Zahl der dort lebenden Deutschen wird auf ungefähr 300 geschätzt. Das Resultat der Umfrage bietet Nachweise für ein Mindestmaß des deutschen Elements. Es fehlen die „nicht erreichbaren" Reichsdeutschen und die Deutschen anderer Herkunft (Schweizerdeutsche und Deutschösterreicher). Immerhin eröffnen sich außerordentlich wertvolle Einblicke in Gliederung und Berufstätigkeit der Deutschen Mexikos. Die Hälfte wohnt in der Hauptstadt Mexiko (814 Männer, 392 Frauen, 762 Kinder, zusammen 1932). Die übrigen sind über das ganze Land zerstreut. Wie schon aus diesen Zahlen erhellt, ist das weibliche Geschlecht stark in der Minderheit. Im ganzen sind unter den Erwachsenen neben 1555 Männern 673 Frauen gezählt. 219 Deutsche sind mit Mexikanerinnen verheiratet. Man sieht, wie der Mangel an deutschen Frauen zu Mischheiraten führt. Die Erwerbstätigen verteilen sich wie folgt: Handel 939, Industrie der Maschinen, Instrumente und Apparate 194, darunter 85 Ingenieure und 46 Monteure, Landwirtschaft und Gärtnerei 92, Freie Berufe 50, darunter 19 Lehrer und 16 Ärzte, Industrie der Steine und Erden 42, darunter 41 Glasbläser, chemische Industrie 30, darunter 15 Apotheker und Drogisten, Nahrungs- und Genußmittelindustrie 20, darunter 14 Brauer, Baugewerbe 18, Bergbau, Hütten- und Salinenwesen 10, Textilindustrie 7, Häusliche Dienste 7, Lohnarbeit wechselnder Art 7, Versicherungsgewerbe 5, Beherbergung, Gast- und Schankwirtschaft 4, Künstler und künstlerische Betriebe für gewerbliche Zwecke 3, Verkehrsgewerbe 2, Fabrikanten ohne nähere Bezeichnung 11. Der Handel hat demnach durchaus den ersten Platz. Dem entspricht es, daß die Hansestädte das bei weitem stärkste Kontingent stellen, zusammen 255. Kein deutscher Bundesstaat und keine preußische Provinz reicht auch nur entfernt an diese Ziffer. Die nächstfolgenden Zahlen sind: Rheinlande 111, Schleswig-Holstein 101, Königreich Sachsen 91 usw., aus Hamburg allein stammen 183. In Stadt-Mexiko ist das größte Handelshaus deutsch. Stattliche Firmen sind daneben zu nennen. Ein- und Ausfuhr, Bank- und Kommissionsgeschäfte liegen in deutschen Händen. Eine blühende deutsche Schule, zwei große Klubs und zahlreiche Vereine, endlich die „Deutsche Zeitung von Mexiko" geben Zeugnis von dem regen deutschen Leben in der Hauptstadt des Landes. Auch die übrigen größeren Städte, Veracruz, Guadalajara, Puebla usw. weisen namhafte deutsche Geschäfte auf. Einige erstklassige Brauereien und umfangreicher deutscher Farmbesitz im Süden und Westen ergänzen das Bild. Der Gesamtwert deutschen Besitzes in Mexiko wird auf mehr als 300 Millionen Mark geschätzt. Der Gesamthandel des Deutschen Reiches mit Mexiko hat 1910 den Wert von 70,6 Millionen Mark, 1911 von 76,6 Millionen Mark erreicht. Derzeit tobt in Mexiko allerdings der Bürgerkrieg. Einzelne Deutsche sind hart getroffen, z. T. grausam ermordet worden. Das tatkräftige Eingreifen des Deutschen Reiches wird, so darf man zuversichtlich erwarten, eine sühnende Bestrafung der Schuldigen und eine materielle Schadloshaltung der Geschädigten oder ihrer Erben erzwingen.

Ebenso nachdrücklich macht das deutsche Element (auf 1100 Köpfe geschätzt) in Guatemala sich geltend. Dort befindet sich ein erheblicher Teil der Kaffeeplantagen in deutschem Besitz. Bewundernswertes ist in der Umwandlung dichten Urwaldes in Kaffeepflanzungen geleistet. Eine blühende Plantage reiht sich an die andere. Hunderte von Millionen deutschen Kapitals sind dort im Grundbesitz angelegt. Dabei ist rühmend zu erwähnen, daß der deutsche Einfluß sich nicht auf die wirtschaftliche Hebung des Landes beschränkt. Die deutsche Schule in Guatemala, die sich der besonderen Fürsorge der deutschen Gesandtschaft erfreut, steht unter der Leitung von Männern, die sich dessen bewußt sind, daß es eine der kulturellen Hauptaufgaben ist, der dortigen deutschen Jugend deutsches Wesen zu eigen zu machen. Mit welchen Elementen unter der eingesessenen Bevölkerung zu rechnen ist, darüber belehrt eine Mitteilung in dem Jahresbericht der Hamburger Handelskammer von 1910:

„Ein Dekret der Regierung, wonach im Falle eines Brandes eines gegen Feuersgefahr versicherten Hauses der Eigentümer oder sonstige Personen, die an der Erlangung der Versicherungssumme ein Interesse haben, festgenommen und bis zum Nachweis ihrer Schuldlosigkeit in Verwahrsam gehalten werden sollen, hat zu lebhaften Protesten der dort ansässigen ausländischen Firmen geführt. Die eingeleiteten Verhandlungen haben wohl zu einer formellen Abänderung des Dekrets, nicht aber zu einer gänzlichen Aufhebung dieser Vorschriften geführt."

In den größeren, innerlich gefestigten Staaten des Südens, in Brasilien, Argentinien und Chile sieht es doch anders aus. Da ist die Bevölkerung seßhafter geworden. Neben der Viehzucht hat der Ackerbau an Bedeutung gewonnen. Eine aufblühende Wirtschaft und Kultur schließt die früher auch hier nicht seltenen revolutionären Störungen aus.

Am stärksten ist das südamerikanische Deutschtum in Brasilien vertreten. Dort betrug nach der Volkszählung von 1900 die Bevölkerung $17^{1}/_{2}$ Millionen Seelen, 1908 wurde sie nach amtlicher Schätzung auf $20^{1}/_{2}$ Millionen angegeben. Von 1820—1909 sind in Brasilien insgesamt $2^{3}/_{4}$ Millionen europäischer Einwanderer verzeichnet. Unter ihnen haben Italiener und Portugiesen weitaus das Übergewicht, an dritter Stelle stehen die Spanier, an vierter die Deutschen, mit etwas über 100000 Personen. Will man die heute in Brasilien lebende Gesamtzahl der Deutschen ermitteln, so stößt man auf ernste Schwierigkeiten. Die amtliche Statistik zählt die in Brasilien geborenen Kinder der Eingewanderten als Brasilianer und sie gibt die Nationalität der Russen, Schweizer und Österreicher nicht an. Namentlich Deutschrussen und

Deutschschweizer sind in größerem Umfange ansässig. Die deutschen Kolonisten sitzen am zahlreichsten in den Südstaaten: in Rio Grande do Sul (305 000), in Santa Catharina (80 000), in Paraná (25 000), ferner in den Oststaaten: in Sao Paulo (35 000), Rio de Janeiro (25 000), Espirito Santo (20 000). Die Gesamtzahl der Deutschbrasilianer wird schätzungsweise auf 500 000 Köpfe angegeben, 1,2 v. H. der Gesamtbevölkerung. Die Deutschen bilden mit Ausnahme von Rio Grande do Sul und von Santa Catharina durchgängig geringe Minderheiten. Die Lusobrasilianer haben die politische Führung in fester Hand und stellen die staatlichen Beamten; im Landwirtschaftsbetrieb bevorzugen sie neben der Plantagenwirtschaft die Viehzucht, im Handel sind sie nur spärlich vertreten. Die deutsche Tätigkeit greift in außerordentlich glücklicher Weise ergänzend ein, sie hat in der Landwirtschaft und im Handel ihr Schwergewicht.

In Südbrasilien gedeiht das Deutschtum prächtig. Das Gebiet der Staaten Rio Grande do Sul und Santa Catharina entspricht an Größe dem Deutschen Reich. Es ist noch immer außerordentlich dünn besiedelt. Kaum die Hälfte des Bodens ist in Anbau genommen. Hier ist noch Raum für ungezählte Kräfte. Und die deutschen Siedler sind dort für unsere Volkswirtschaft von sehr erheblichem Wert. Sie sind in besonders starkem Maße Verbraucher deutscher Industrieerzeugnisse. Die klimatischen Verhältnisse sind günstig. In wirtschaftlicher Beziehung findet Arbeit und Fleiß seinen Lohn. Die Deutschen erfreuen sich eines zahlreichen gesunden Nachwuchses. An dem erquickenden Gesamtbild ändert die augenblickliche Notlage in Blumenau nichts. Diese Notlage ist durch Überschwemmung und andere Plagen und Schädigungen verursacht. Man darf hoffen, daß die tüchtigen deutschen Kolonisten Blumenaus (im ganzen Bezirk etwa 20 000) alle Heimsuchungen glücklich überwinden werden. — In den Staaten Paraná und Sao Paulo fallen die bäuerlichen Siedelungen nach Zahl und Bedeutung nicht so schwer ins Gewicht. In Sao Paulo gehören die bedeutendsten Kaffeepflanzungen einem früheren deutschen Kolonisten, dem Oberst F. Schmidt. Die Deutschen sind in diesen Staaten vorwiegend in Handel und Handwerk beschäftigt. — In allen größeren Städten, namentlich Süd- und Ostbrasiliens, haben die Deutschen einen starken Anteil am Handelsverkehr. 1911 hat das Deutsche Reich Waren im Werte von 320 Millionen Mark aus Brasilien bezogen und solche im Werte von 152 Millionen geliefert. Der Gesamthandel stellt einen Wert von fast einer halben Milliarde dar. — Auch der Fortschritt des geistigen Lebens wird von deutscher Seite reich befruchtet. Deutsche Gelehrte wirken an den Hochschulen und wissenschaftlichen Anstalten des Landes. — Vor allem lebt in den Deutschbrasilianern ein unverbildetes gesundes deutsches Volksempfinden. Sie sind in ihrer großen Mehrheit unverfälscht deutsch geblieben. In den aneinandergelehnten Siedelungen, die auf Urwaldboden entstanden, hegen und pflegen sie in ihrer schlichten Art deutsches Wesen. In ihren z. T. recht dürftig ausgestatteten Pikadenschulen sorgen sie treulich für die deutsche Erziehung ihrer Kinder. Deutsche Geistliche, die mit dem deutschen Glauben ein kräftig ausgeprägtes Nationalgefühl zu vereinigen wissen, sind dabei ihre besten Helfer. Allerdings betonen Kenner der dortigen Verhältnisse, daß diese, vordem von allem regeren Verkehr abgelegenen Urwaldkolonien die Probe auf ihre nationale Standhaftigkeit erst jetzt zu bestehen haben werden, wo der Ausbau des brasilianischen Eisenbahnnetzes sie in lebhaftere Verbindung mit der Außenwelt zu verstricken beginnt. Dem häufig blutvermischten niederen Lusobrasilianer, dem sogenannten Caboclo, oder gar dem freigelassenen Neger gegenüber fühlte sich der Deutsche als der Überlegene und Höherstehende. Da war jede Gefahr einer Ablenkung von seinem Volkstum ausgeschlossen. In den Städten gewinnt die lusobrasilianische Oberschicht, die Bildung und Besitz in sich vereinigt und die Politik in Händen hat, leichter einen Einfluß auf einzelne Deutsche, zieht sie in ihre geistigen und gesellschaftlichen Kreise, führt sie durch Familienverbindungen zu noch engerem Anschluß. Solche Möglichkeiten stellen in dem katholischen Lande für den katholischen Deutschen am ehesten sich ein, genau umgekehrt, wie in den protestantischen Vereinigten Staaten von Nordamerika, wo der protestantische Deutsche der Amerikanisierung zugänglicher ist. Als typisches Beispiel für eine solche Entwickelung kann man den derzeitigen Minister des Äußeren, Lauro Müller, anführen. Er ist Katholik, in brasilianischen Bildungsanstalten erzogen, seine Frau ist Brasilianerin. Die Muttersprache seiner Kinder ist die portugiesische Landessprache. Ganz ähnlich steht es mit anderen Deutschbrasilianern, die im Staatsleben eine hervorragende Stellung gewonnen haben, wie der kürzlich verstorbene Bundesdeputierte Germano Haßlocher, oder General Bormann und Admiral Hochholtz. Zur Ehre dieser Männer muß gesagt werden, daß sie ihre deutsche Abstammung nie ver-

Mittel- und Südamerika; Brasilien. Chile

leugnet haben. Wie Haßlocher 1905 deutschfeindliche Äußerungen im Bundesparlament abfertigte und Brasilien glücklich pries, daß es so viele deutsche Elemente erhalte, die zwar stolz auf die viel höheren Kulturleistungen ihres Heimatlandes, doch unter ganz gleichen Bedingungen wie die Einheimischen, mit derselben Begeisterung und Treue für das Gedeihen und den Fortschritt des geliebten brasilianischen Vaterlandes arbeiteten, so ist vor kurzem Lauro Müller als Minister offen und tapfer den gegen die Deutschbrasilianer gerichteten Verdächtigungen entgegengetreten. Man darf nach solchen Beobachtungen hoffen, daß bei engerer Fühlungnahme mit dem Lusobrasilianertum das deutsche Element nicht nur selbst vor völkischen Massenverlusten bewahrt bleibt, sondern einen nachhaltigen Einfluß auf die innere Entwickelung des brasilianischen Wesens gewinnt.

Chile hat nach der Volkszählung von 1907 bei einer Bevölkerung von 3½ Millionen Seelen: 10724 im Deutschen Reich Geborene und 17686 Deutschchilenen (im Lande geborene Nachkommen von Reichsdeutschen), zusammen 28410 Köpfe. Deutsche aus Österreich-Ungarn, aus der Schweiz und aus Rußland sind dabei nicht berücksichtigt. Puerto Montt und Valdivia sind die Mittelpunkte deutscher Tätigkeit geworden und die Landeshauptstadt Santiago ist eine Stätte tüchtigen deutschen Geschäfts- und Kulturlebens. Unter dem Titel: „Deutsche Arbeit in Chile" ist 1910 eine Festschrift des Deutschen wissenschaftlichen Vereins in Santiago zur Zentenarfeier der Republik erschienen. Sie würdigt in trefflichen Einzeldarstellungen die deutschen Leistungen:

„Die Deutschen sind auf dem Boden Chiles nicht Fremdlinge geblieben, sie haben teilgenommen an den Kämpfen und Leiden des Landes wie an seinen Erfolgen und Freuden, sie haben ihr Bestes gegeben, um mitzuarbeiten an der Entwickelung Chiles." Zusammenfassend heißt es in der Einleitung: „Wir haben mit euch den Urwald des Südens gerodet und dessen Sümpfe getrocknet. Wir haben mit euch gearbeitet am Ausbau eures Heeres. Wir haben euch die Methoden unserer Wissenschaft, die Resultate unserer Forschung gebracht. Wir haben mitgewirkt an der Bildung eures Volkes. Wir haben mit euch das Land erforscht und neue Industriezweige begründet. Unsere Kaufleute nehmen teil an dem Austausch der Waren und unsere Schiffe verbinden das ferne Land am Stillen Ozean mit allen Teilen der Welt." Das alles wird aufgezählt, nicht als „Selbstlob", sondern als „der Ausdruck dessen, was die Deutschen als ihre Pflicht und Schuldigkeit empfunden".

Die Festschrift sagt sicherlich nicht zu viel. Die Erschließung des Landes und die Urbarmachung des Bodens sind anerkanntermaßen von deutscher Seite bedeutsam gefördert worden. Landwirtschaft,

Handel und Industrie haben durch sie die reichsten Anregungen erfahren. Das Heer und das gesamte Bildungswesen sind maßgebend deutsch beeinflußt und die wichtigsten Schiffslinien sind für Chile die deutschen. Jede Schilderung der Erfolge deutscher Arbeit im Lande gestaltet sich zu einem Ruhmeslied auf deutsche Intelligenz, deutschen Wagemut und deutschen Fleiß. In dem trefflichen Verhältnis, das zwischen den Deutschchilenen und den Besten des chilenischen Volkes vorwaltet, bekundet sich deutlich wahrnehmbar die Anerkennung für das deutsche Element. Der deutsche Einfluß pflanzt sich von Chile weiter. Die Armee Columbiens wird derzeit von chilenischen Offizieren nach deutschem Muster geschult.

Nicht minder erfreuliche Eindrücke weckt das Deutschtum Argentiniens. Die Summe der nach der Volkszählung von 1895 im Deutschen Reich Geborenen und der von 1896—1910 zugewanderten Reichsdeutschen ergibt 23 450 Personen. Die in Argentinien geborenen Nachkommen der Einwanderer werden als Argentinier gezählt und in der offiziellen Statistik nicht gesondert angeführt, ebenso fehlen die Angaben über die Zahl der Deutschen aus Österr.-Ungarn, Rußland und der Schweiz. Die zur Zentenarfeier 1910 herausgegebene Festnummer der deutschen „Laplata-Zeitung" schätzt die Zahl der Deutschsprachigen in Argentinien auf über 100 000. Die frühesten deutschen Kolonistenniederlassungen reichen nur bis in die 50er Jahre des vorigen Jahrhunderts zurück. Sie sind durchweg ausgezeichnet gediehen. Die erwähnte Festnummer der „Laplata-Zeitung" urteilt: „Wohin nur immer ein Deutscher den Weg gefunden, da findet man selbst in den entferntesten Einöden ein bescheidenes, doch gemütliches Heim, wo sorgsam die Hausfrau ihres Amtes waltet, wo Bücher und Zeitungen zu finden, und von wo aus auch ein Lichtstrahl deutscher Kultur auf die manchmal noch wilde oder halbwilde Umgebung fällt." Äußerlich glänzender als in den Siedlungskolonien ist die Stellung der Deutschen in Buenos Aires, dem Paris von Südamerika. In Argentinien lebt die heimische Oberschicht, die Nachkommenschaft der spanischen Konquistadoren, von den Einkünften aus ihren ausgedehnten Ländereien und aus ihren zahlreichen Grundstücken in den aufblühenden Städten. Sie wendet sich mit Vorliebe der politischen Tätigkeit zu. Die Masse der wenig Bemittelten bildet in den verschiedensten Formen wirtschaftlicher Abhängigkeit ihre Klientel. Die aufstrebende argentinische Intelligenz wendet sich allenfalls den freien Berufen des Advokaten oder des Arztes zu. Handel und Gewerbe

Mittel- und Südamerika; Argentinien

bleibt den Fremden überlassen. Unter ihnen nehmen die Deutschen einen hervorragenden Platz ein. Der Handelsverkehr des Deutschen Reiches mit Argentinien zeigt eine kräftig aufstrebende Richtung.

	Reichsdeutsche Einfuhr nach Argentinien	Ausfuhr aus Argentinien nach dem Deutschen Reich
1894	30,2 Mill. Mk.	103,9 Mill. Mk.
1899	52,3	194,5
1906	170,1	372,2
1910	240,1	357,2
1911	255,9	369,9

Die deutsche Industrie hat namentlich in Buenos Aires eine Stätte bevorzugter Wirksamkeit gefunden. — Vollste Würdigung findet die anerkannte Überlegenheit der deutschen militärischen Erziehung wie der deutschen Wissenschaft. Die argentinische Armee ist durch deutsche Instrukteure nach deutschem Muster geschult und das höhere Bildungswesen ist von deutschen Einflüssen durchwirkt. In Cordoba, der ältesten Universität Argentiniens, deren naturwissenschaftliche Fakultät in den 70er Jahren durch Sarmiento begründet wurde, ebenso in der emporblühenden Universität in La Plata wirken zahlreiche deutsche Gelehrte und in Buenos Aires ist das Bildungsinstitut, aus dem die Mehrzahl der argentinischen Oberlehrer hervorgeht, einem deutschen Direktor und deutschen Professoren anvertraut. — 1910 ist zu der Jahrhundertfeier der Unabhängigkeit Argentiniens auf besonderen Befehl des Kaisers Generaloberst v. d. Goltz entsendet worden. Er kam als Vertreter des Deutschen Reichs und der deutschen Armee. Der ausgezeichnete Empfang, der ihm zuteil ward, war eine Ehrung nicht nur für den hervorragenden Mann und für das Deutsche Reich, sondern zugleich für die Deutschargentinier, und nicht zuletzt eine Bürgschaft für den ungestörten Fortbestand der für beide Teile vorteilhaften wirtschaftlichen Beziehungen und des regen Kulturaustausches.

Die kurze Skizze über das Deutschtum in Latein-Amerika weist recht erhebliche Lücken auf. Wie vieles wäre dem Gesagten noch ergänzend hinzuzufügen. Hier fehlt der Raum. Nur das eine sei noch bemerkt, daß es dem glänzenden Gesamtbild nicht an Schatten im einzelnen fehlt. In den Republiken Mittelamerikas und des nördlichen Südamerika sind es die politischen Wirren, die allzuoft das ruhige Gedeihen beeinträchtigen. In den glücklicher geordneten Staaten der Südhälfte Südamerikas haben gerade die Erfolge der

Deutschen bei einzelnen Einheimischen und mehr noch bei fremden Konkurrenten Neid und Mißgunst geweckt. In Brasilien fabelt die nativistische Presse von einer „deutschen Gefahr". Der reichsdeutschen Politik werden kolonialpolitische Eroberungsabsichten angedichtet. Das bleibt doch nicht ganz ohne Wirkung. Die brasilianische Regierung wünschte reichsdeutsche Instrukteure für die Armee. An der lebhaften Agitation, die, vom Ausland geschürt, in einflußreichen Kreisen dagegen sich erhob, ist die Absicht fürs erste gescheitert. Einzelne Maßnahmen der brasilianischen Regierung deuten darauf, daß man einer weiteren Stärkung des deutschen Elements durch Ausdehnung seiner geschlossenen Siedlungen widerstrebt. Als Gegenmittel kommt der Grundsatz gemischter Siedlung zur Anwendung, und die Gründung unentgeltlicher staatlicher Konkurrenzschulen zielt auf eine Einschmelzung der fremdsprachigen Siedler ab. — Und ähnliches wird neuerdings aus Argentinien berichtet. Hier hat ein stiller Kampf vor allem gegen die deutsche Schule eingesetzt. Die Verfassung sichert den eingewanderten Fremden das Recht der eigenen Schulgründung. Die Deutschen haben von diesem Recht ausgiebigen Gebrauch gemacht. Seit 1908 werden Einwendungen der staatlichen Aufsichtsbehörden gegen unzulängliche Schulräume oder Lehrkräfte laut, die oft genug mit besserem Grund gegen argentinische Schulen erhoben werden könnten. Das sind bislang vereinzelte Fälle geblieben. Es bleibt abzuwarten, ob sie sich mehren. — Die brasilianischen Versuche mit gemischten Siedlungen haben noch keinen rechten Erfolg gehabt. Entweder gedeihen diese, aus fremdartigen Bestandteilen zusammengesetzten Kolonien überhaupt nicht, oder aber es überflügelt die Arbeit der Deutschen in solchem Maße die der Nichtdeutschen, daß die letzteren allmählich das Feld räumen.

Die eingewanderten Deutschen haben selbst keinen Anlaß zum Mißtrauen gegeben. Es sind ruhige, zuverlässige Bürger, rührige Wirtschafter, die dem Lande in jeder Beziehung nur Nutzen bringen. Die brasilianische Regierung hat die Einwanderer mit den Einheimischen verfassungsrechtlich gleichgestellt. Die Siedler sind seit 1889, soweit sie nicht Einspruch dagegen erhoben, brasilianische Staatsbürger. Der politische Anschluß an das Land, in dem sie Wurzeln schlagen wollten, war wohl das naturgemäß Gebotene. Ähnlich steht es bei den Deutschen Argentiniens und Chiles. Ihre Anhänglichkeit an ihre angestammte Sprache und Sitte kann als eine Bürgschaft ihrer Treue gegen den Staat gelten, dem sie nunmehr angehören. Einsichtige Politiker würdigen in vollem Maße, was ihr Land den Ausländern zu danken hat, vor allem den Deutschen. In dem Imperialismus der Vereinigten Staaten sehen sie ernstere Gefahren, als sie je von deutscher Seite drohen könnten. Vor wenigen Jahren erklärte der brasilianische Staatspräsident von Rio Grande: nicht für Brasilien gäbe es eine deutsche Gefahr, sondern nur für die auf Deutschland neidischen, mit ihm in der Einfuhr wetteifernden fremden Mächte. — In Brasilien, Chile und Argentinien ist das Verhältnis der maßgebenden Kreise zu den Deutschen im allgemeinen ein ausgezeichnetes. Was Generaloberst v. d. Goltz in dem klassischen Bericht über seine Eindrücke in Argentinien über die günstige Lage der dortigen deutschen Kolonien aussagt, über die guten Beziehungen zu den Behörden und deren Entgegenkommen, über die freundliche Aufnahme, die jedem einwandernden Deutschen gesichert zu sein scheint — v. d. Goltz betont, daß man deutsche Einwanderung besonders lebhaft wünsche —, das gilt auch für Brasilien und Chile. Man darf noch weiter verallgemeinern. In allen Staaten Südamerikas ist der Deutsche willkommen. Nicht mehr, weil er schutzlos und also rechtlos ist — das ist vorüber —, sondern weil er als ein hervorragend nützliches Element, als ein Helfer gegen wirtschaftliche Rückständigkeit und gegen politische Gefahren und Krankheiten gilt, als ein Vertreter des Fortschritts und der ruhigen Ordnung zugleich.

Englische Siedlungskolonien. In den nachstehenden Ausführungen soll die Übersicht über das Auslandsdeutschtum zum Abschluß gebracht werden. Eine schwer übersehbare Fülle von weit auseinanderliegenden Gebieten, in denen Deutsche unter den verschiedensten Grundbedingungen leben, kommt dabei in Frage. Die wichtigsten Komplexe sind: die englischen Kolonien und: der nahe und ferne Orient. Wir scheiden wiederum, wie schon bei den früheren Betrachtungen: bodenständige Sieblung und: Beteiligung am städtischen Erwerbsleben und in den freien Berufen. Deutsche Bauernsiedlungen sind im Bereich der englischen Kolonien in beachtlichem Umfange in Südafrika, in Australien und in Canada zu verzeichnen.

In Südafrika ist die dünne ältere deutsche Einwanderung, die bis in die zweite Hälfte des 17. Jahrhunderts zurückreicht, meist einzelne, die in die Ferne verschlagen wurden, im Burentum aufgegangen. Die Buren sind bekanntermaßen aus ihren alten Sitzen im Kaplande nordwärts weiter gezogen, als England dort die Herrschaft an sich riß. Heute sind auch sie — trotz aller heldenmütigen Anstrengungen — dem englischen Weltreich eingegliedert. Nach neueren wissenschaftlichen Ermittelungen ist das Burenvolk, das derzeit ¹/₂ Million Seelen zählt, nach seiner Blutmischung nur zur Hälfte holländischen Ursprungs, etwa zu 17 v. H. französischer, zu 27 v. H. deutscher Herkunft. Alle diese Elemente sind zu einer völkischen Einheit verschmolzen. Ihre Sprache ist nicht rein holländisch, aber sie steht dem Holländischen doch wesentlich näher als dem Deutschen. Wir müssen die Buren als einen germanischen Stamm bezeichnen, aber selbst bei weitherziger nationaler Grenzausdehnung dürfen wir sie nicht als Deutsche verrechnen. — Die neuere deutsche Einwanderung in Südafrika ist in starkem Umfange deutsch geblieben. Seit der Mitte des 19. Jahrhunderts kamen Deutsche in erheblicher Zahl ins englisch gewordene Kapland. Sie stammten überwiegend aus den untersten Schichten. Die Hauptmasse stellten Landarbeiter und Tagelöhner aus Pommern und der Uckermark. Sie haben es als kleine Landwirte fast alle zu etwas gebracht. Es folgte 1857 ein starker Teil der von den Engländern für den Krimkrieg angeworbenen deutschen Legion. Etliche sind nach Indien weitertransportiert worden. Die meisten wurden in Kaffraria angesiedelt. Dort fand sich in der Folge reichlicher Nachschub aus Nord- und Westdeutschland ein, der in die Lücken einrückte, die in den Reihen der für die harte Kolonistenarbeit z. T. unzulänglich vorbereiteten Legionäre bald genug sich ergaben. Die Dorfnamen Berlin, Potsdam, Frankfurt, Hamburg, Braunschweig, Hannover, Wiesbaden geben Aufschluß über ihre Heimat. — Auch die Burenstaaten, Transvaal und Oranjefreistaat haben deutsche Einwanderer als Farmer aufgenommen. In den Städten sitzen deutsche Handwerker und kleine Kaufleute. In Kapstadt reicht ihre Ziffer an 3000. Gewichtiger ist, trotz geringerer Zahl, die Stellung der Deutschen in Port Elizabeth, wo sie am Großhandel teilhaben und den Wollexport fast ganz beherrschen. Auch in East London und Durban gibt es angesehene deutsche Firmen. Die stattlichste deutsche Kolonie in Südafrika ist die von Johannesburg (ca. 10 000 Seelen). Deutsches Kapital ist in erheblichem Umfange in den Johannesburger Minen angelegt und deutsche Großbanken sind an Johannesburger Geldfirmen beteiligt. Die dortige deutsche Schule gilt als „ein starkes Bollwerk der deutschen Kultur in Südafrika". Sollte es ein Zufall sein, daß den Deutschen gerade hier, wo unter ihnen ein bewußt nationaler Geist lebendig ist, eine respektvolle Anerkennung von englischer Seite zuteil wird. Bei der Kaisergeburtstagsfeier am 27. Januar 1910 sprach im deutschen Klub zu Johannesburg der High-Kommissioner von Südafrika, Lord Selburne. Er betonte die hohe Bedeutung des deutschen Elements in Transvaal:

„Wir können nicht genug von Ihnen bekommen. Ich bin sehr erfreut; wenn Sie sich meiner Nation anschließen, aber mögen Sie das nun tun oder nicht, jeder deutsche Mann oder jede deutsche Frau, welche nach Südafrika kommt, bedeutet eine Erhöhung der Stärke des Landes."

Die Gesamtzahl der Deutschen Südafrikas wird auf rund 33000 angegeben, davon 17000 im Kapland, 2500 in Natal, 12000 in Transvaal, 1000 in der Oranjeflußkolonie.

Zahlreicher ist das Deutschtum in Australien. Schon an der ersten wissenschaftlichen Erforschung des Erdteils haben Deutsche einen hervorragenden Anteil gehabt. Vor allem an der wirtschaftlichen Erschließung haben sie erfolgreich mitgearbeitet. Seit den 30er Jahren des vorigen Jahrhunderts kam eine nicht ganz unbeträchtliche deutsche Einwanderung ins Land. Zuerst märkische, pommersche und schlesische Bauern, unbeugsame Altlutheraner, die sich durch die Union in der Freiheit ihres kirchlichen Lebens bedroht fühlten. Auch höhere deutsche Bildung fand durch etliche der 48 er politischen Flüchtlinge Vertretung. So werden auch hier religiöse und politische Beweggründe der deutschen Auswanderung bemerkbar. Wirksamer waren die rein wirtschaftlichen Antriebe. Die Entdeckung der australischen Goldlager im Jahre 1851 führte Bergleute aus dem Harz hinüber. Seit den 60er Jahren mehrte sich der deutsche Zuzug. Das Verbot der Kanakeneinfuhr hatte den Großplantagenbetrieb erschwert und umfassende Parzellierungen veranlaßt, die gute Brotstellen für bäuerliche Siedler boten. Als solche fanden Landarbeiter und Kleinbauernsöhne aus den alten preußischen Provinzen, z. T. auch aus Württemberg, in größerer Zahl sich ein; vor allem in Queensland sind ausgedehnte Landstriche von ihnen besetzt worden. Möglich, daß das v. d. Heydtsche Reskript, das die Auswanderung nach Brasilien unterband, dem Zuzug nach Australien zugute gekommen ist. Man veranschlagt die deutsche Gesamteinwanderung auf 60—65000 Seelen. Die Zahl der Deutschen müßte heute, ohne nationale Verluste, auf mindestens 150000 angewachsen sein, in Wirklichkeit beträgt sie nur etwa 100000. Man schätzt die Deutschen

in Queensland . . auf 38000 Köpfe in Südaustralien . auf 30000 Köpfe
„ Neu-Süd-Wales „ 10000 „   „ Westaustralien „ 2000 „
„ Viktoria . . . . „ 15000 „   „ Tasmanien . . . „ 1000 „
Auf Neuseeland kommen noch 5—6000 hinzu.

Das Schwergewicht des australischen Deutschtums liegt in der Landbevölkerung. Die Deutschen haben sich auch hier als tapfere Pioniere in der Wildnis erwiesen, sie haben in weitem Umfange den Boden urbar gemacht, feinere Kulturen, wie namentlich den Weinbau, ins Land gebracht, wacker an der Begründung und Förderung der Schafzucht sich beteiligt. In den Städten sind die Deutschen meist kleine Kaufleute und Handwerker. Ein deutscher Großkaufmannsstand hat sich angesichts der regen geschäftlichen Betriebsamkeit der Anglo-Australier nicht in erheblichem Maße festzusetzen vermocht. Nur in Sidney und Adelaide hat vor allem hanseatische Rührigkeit einen Anteil am Großhandel erobert. An diesen beiden Plätzen sind stattliche deutsche Klubs und starke deutsche Vereine zu verzeichnen. In den freien Berufen, unter den Juristen, Ärzten, Ingenieuren ist die Zahl der Deutschen gering. Nur Pfarrer und Lehrer wirken emsig für die deutsche Kirche und die deutsche Schule.

Die skizzierte soziale Zusammensetzung erklärt es, daß im allgemeinen die Deutsch-Australier im öffentlichen Leben nicht besonders hervortreten. Immer stehen die Deutschen auf seiten der Gemäßigten. Der Regierung bereiten sie keine Schwierigkeiten. Sie gehören zu den ruhigsten und wertvollsten Elementen der Bevölkerung. Es sind tüchtige Wirte, gute Familienväter, hilfsbereite Nachbarn, auch für die Nichtdeutschen. In nationaler Beziehung gibt ihnen die Kirche einen Rückhalt. Auch Gesang-, Turn- und Schützenvereine versuchen das nationale Zusammengehörigkeitsgefühl aufrechtzuerhalten, und einige gut geleitete deutsche Zeitungen wirken in anerkennenswerter Weise im gleichen Sinne. Aber das deutsche Schulwesen liegt vielfach im argen. In die deutsche Sprache finden englische Bestandteile Aufnahme, ähnlich wie im Pennsylvaniadeutsch. Das sind Übelstände, die von den Deutschen schmerzlich empfunden werden. In Queensland schicken die deutschen Pächter der entlegenen Farmbezirke ihre Kinder oft meilenweit zum nächsten Pastor in den Religionsunterricht. Damit wird dem allzu schnellen Verlöschen des deutschen Geistes unter ihnen vorgebeugt. Jetzt soll in den Staatsschulen Religionsunterricht erteilt werden, und die dortigen Deutschen besorgen, daß die Kinder bald nicht mehr deutsch konfirmiert werden können. Nur in Südaustralien steht es mit den deutschen Schulen besser. Man zählt dort deren etwa 50, allerdings eigentlich deutsch-englische Schulen. In der Tat ist für das materielle Fortkommen die Kenntnis der englischen Landessprache unerläßlich. Von kundiger Seite wird versichert, daß der Unterricht in deutschem Geist erteilt wird. In den Städten vergrößert sich die Gefahr der Verengländerung. An einzelnen Plätzen gibt es deutsche „Tagesschulen", wo einmal in der Woche deutscher Unterricht erteilt wird. Nur wenige Bemittelte sehen sich in der Lage, ihre Kinder in Deutschland erziehen zu lassen. Es fehlt im übrigen in den Städten an deutschen Frauen. Völkische Verluste sind da schwer abzuwenden. Man begegnet Dörfern mit deutschen Namen, in denen die Deutschsprachigen aussterben, und deutschen Familiennamen in den Städten, deren Träger ins Anglo-Australiertum übergegangen sind. Die offiziellen Kreise bekunden dem Deutschtum gegenüber rückhaltlose Anerkennung. Am 3. März 1911 feierte der größte und angesehenste der deutsch-australischen Vereine in Adelaide sein 25 jähriges Bestehen. Bei dieser Gelegenheit sprach der Staatsgouverneur, Sir Day Bosanquet, seine Sympathie für die deutschen Kolonisten aus, die so wertvolle Bürger der australischen Staaten seien:

„Wir haben alle Ursache, den deutschen Kolonisten dankbar zu sein, die aus wüstem Lande Gartendistrikte geschaffen haben, und zwar zu einer Zeit, da die Bürger Großbritanniens alles Vertrauen auf die Zukunft Australiens verloren hatten ... Wir wünschen nicht, ihre deutsche Abstammung verleugnet zu sehen, sondern wir möchten sie als Eigenart von allergrößtem Wert bei der Entwickelung des australischen Volkes einverleibt sehen."

Aber die Masse der anglo-australischen Bevölkerung sieht die Deutschen mißgünstig an und sträubt sich gegen weitere deutsche Zuwanderung, zunächst unter dem Gesichtspunkt, „Lohndrücker" fernzuhalten. Seit dem Burenkrieg ist eine gereizte Stimmung hinzugetreten, die von der inländischen Presse eifrig gezüchtet wird. Mit gehässig zugestutzten Meldungen über das Deutsche Reich und seine politischen Absichten nährt man die deutschfeindlichen Empfindungen. Rücksichtslos wird für solche Zwecke das englische Kabelmonopol ausgenutzt. Die deutsch-australischen Zeitungen erlahmen nicht in der Sisyphusarbeit, gegen Entstellungen und Verdächtigungen anzukämpfen. Aber sie sind selbst auf die englischen Kabelmeldungen angewiesen. Die authentische Richtigstellung kommt immer zu spät. Ein wirksames Gegengewicht gegen die ungeheuerliche Irreleitung der öffentlichen Meinung fehlt. — England, das selbst die Kraft nicht hat, seine weiten Siedlungskolonien zu besetzen, wünscht begreiflicherweise die tüchtigen deutschen Einwanderer auch weiter heranzuziehen. Es rechnet auf ihre endliche Einschmelzung. Im deutschen Interesse liegt es nicht, Landsleute zur Auswanderung nach Australien aufzumuntern. Vor kurzem empfahl der Londoner Professor und Philosoph Rev. Dr. Alfred Caldecott im Londoner Spektator, daß die westliche Hälfte Australiens den Deutschen abgetreten werden möge. Die 4$^{1}/_{2}$ Millionen Bewohner wären nicht entfernt als wirkliche Besetzung des Erdteils aufzufassen und ein japanischer oder chinesischer Angriff würde einen ernsthaften Widerstand nicht finden. Ein weißes Australien würde gegen einen ostasiatischen Vorstoß zuverlässiger zu halten sein. — Die australische Presse verwahrte sich in einer geharnischten Kundgebung gegen den Vorschlag, „der letzte Australier würde zu den Waffen greifen!"

Ziffernmäßig ist im Bereich der englischen Kolonien das Deutschtum am stärksten in Kanada vertreten. — Die ziemlich spärliche ältere deutsche Einwanderung ist verschollen. Sie reicht in Neuschottland bis ins 18. Jahrhundert zurück. Dort ist die Ortschaft Lunenburg von hannoverschen Bauern begründet worden. In der Provinz Ontario gibt es ein Berlin und ein Coburg. Aber in allen diesen Orten ist die Erinnerung an den deutschen Ursprung verwischt. Nur in dem Äußeren des Stadtbildes finden sich noch Anklänge an deutsches Wesen. Eine andere deutsche Gründung in Kanada „Neu-Thorn" hat nach Beendigung des Burenkrieges ihren Namen in das patriotische „Ladysmith" umgewandelt. — Die neuere deutsche Einwanderung sucht ihr Volkstum besser zu wahren. Das ungeheuere Gebiet braucht Menschen. Der billige und gute Boden führt dem Lande einen wachsenden Zuzug zu, aus England, aus den Vereinigten Staaten, aus Italien und aus dem östlichen Europa. Reichsdeutsche haben sich nicht in allzu großer Zahl eingefunden. Es wurden 1901 27 302 Reichsgebürtige gezählt. Aber daneben sind Deutsch-Amerikaner und Deutschrussen stattlich vertreten. Aus den Vereinigten Staaten ziehen Söhne deutschamerikanischer Farmer in das zukunftsreiche Land. Aus Rußland sind in den Jahren 1900—1909 etwa 70 000 Kolo-

Englische Siedlungskolonien; Kanada. — Ausblick

nistendeutsche vom kurländischen Hafen Mitau nach Kanada befördert worden. 1881 lebten in Kanada ungefähr 250 000 Deutsche, 1901 veranschlagte man die Deutschsprachigen auf rund 300 000, 1905 auf 350 000. Heute ist die Summe mindestens im gleichen Maßstabe erhöht. — Mit der wachsenden Zahl der Deutschen blüht auch deutsches Leben auf. Es erscheinen deutsche Zeitungen. In Gemeinde- und Provinzialvertretungen, selbst im Staatsparlament ist das Deutschtum vertreten. Aber mit den deutschen Schulen steht es nicht glänzend. Nur die Mennoniten und die Katholiken sind eifrig bemüht, die Kinder ihrem Glauben zu erhalten, und da die religiöse Versorgung und Unterweisung in deutscher Sprache von deutschen Geistlichen erfolgt, so erweist sich auch hier der kirchlich-religiöse Sinn als ein Hort der deutschen Sprache. Die deutschen Katholiken gelten als am besten organisiert.

Im übrigen sind auch in Kanada von allen Fremden die Deutschen am meisten willkommen. Sie sind still, fleißig, den Gesetzen gehorchend. Die kanadische Regierung legt der Pflege des Deutschtums keine direkten Hindernisse in den Weg. Sie sorgt in ihrer Weise dafür, daß das deutsche Element kein Übergewicht erlangt. Sie läßt geschlossene deutsche Ansiedelungen nicht zu, sie zerstreut nicht nur die deutschen Siedler über das Land, sondern nötigt durch das Heimstättengesetz zur Ansiedelung in Einzelhöfen unter englischen Siedlern. Vor allem bietet sie gut geleitete, unentgeltliche englische Staatsschulen. Die meisten Deutschen schicken ihre Kinder in diese Staatsschulen.

So löst denn die Betrachtung dieser versprengten deutschen Siedelungen in den britischen Kolonien melancholische Empfindungen aus. Man muß die dortigen Deutschen nicht verloren geben, aber eine unmittelbare Einwirkung auf ihre Erhaltung ist von außen her kaum möglich. Nur wo ihre innere Kraft sie hält und stützt, werden sie weiterleben. In Südafrika, in Australien, in Kanada ist diese Kraft nicht entfernt so weit entwickelt wie in dem unendlich stärkeren Deutschtum der Vereinigten Staaten. Man kann nicht sagen, daß die englische Regierung und Verwaltung in ihren Kolonien einen Druck auf andersprachige Elemente ausübt. Nationale Engherzigkeit übt der Engländer in dieser Richtung nicht. Das ist ein überwältigendes Zeugnis seines eigenen nationalen Kraftgefühls. Irgendwelche Mittel gewaltsamer Entnationalisierung hat er — abgesehen von Irland —

nicht zur Anwendung gebracht. In Irland, wo für England ein ähnliches Problem vorlag, wie für uns in der Polenfrage, ist man allerdings mit einer brutalen Härte vorgegangen, die sich scharf von der Behandlung der Polen in Preußen abhebt.

Die deutsche Geschäftswelt in den englischen Kolonien als Kaufleute und Unternehmer. Sehr viel erfreulicher steht es mit den Deutschen, die weit zerstreut in den Zentren des überseeischen britischen Weltreiches sitzen. Der Welthandelsgeist, der neuerdings so kräftig im Deutschen Reiche sich regt, führt zahllose deutsche Geschäftsleute hinaus. Sie sind ein für den Handel steigend in Betracht kommender Faktor. Das Deutsche Reich hat 1910 aus den wichtigsten englischen Kolonien direkt Waren im Wert von rund 944 Millionen Mark bezogen, für 178 Millionen Mark mehr als Großbritannien selbst. Allerdings hat das Deutsche Reich nur für 272 Millionen dorthin eingeführt. 1911 ist die Ausfuhr auf 959,3 Millionen, die Einfuhr auf 298,8 Millionen gestiegen. Das Verhältnis erklärt sich aus dem Umstande, daß die englischen Kolonien unentbehrliche Rohstoffe liefern. Die indische Ausfuhr z. B. geht zu einem starken Teil nach dem Deutschen Reich (1911 im Wert von 440,3 Millionen). Das verhindert im übrigen eine für das Deutsche Reich ungünstige Zollpolitik und sichert uns einen bescheidenen Teil des Marktes dortselbst. Der Zahl nach ist das deutsche Element in den kolonialen Handelsplätzen nirgends überwältigend groß. Einige Daten für Südafrika und Australien sind bereits angegeben. In ganz Britisch-Indien lebten 1901 1696 Reichsgebürtige. Eine trockene Aufzählung der über alle Erdteile verstreuten Umschlagsorte, die hier zu nennen wären, darf füglich unterbleiben, da die Darstellung nicht unbedingte Vollständigkeit, sondern die Gewinnung eines allgemeinen Urteiles anstrebt. Dem englischen Kaufmann erscheinen die Deutschen zuweilen als unbequeme Mitbewerber. Das offizielle England behandelt sie rücksichtsvoll und ritterlich. Das ist an sich ganz selbstverständlich. Ein englischer Kaufmann dürfte in Hamburg oder Berlin schwerlich Gelegenheit haben, andere Erfahrungen zu machen. Immerhin sei hier die Äußerung eines englischen Regierungsvertreters wiedergegeben. Lord Selborne sagte bei der oben (S. 95) berührten Ansprache:

„Wir Briten und ihr Deutsche hier in Johannesburg nehmen eine sehr glückliche Stellung ein. Wir sind in täglicher Berührung miteinander. Wir treffen uns offiziell und geschäftlich. Und was ist die Folge? Wir kennen einander und wir verstehen einander. Nun, meine Herren, die Patrioten in unserem beiderseitigen Daterland sind nicht in so günstiger Lage. Sie haben nicht die dauernde Berührung miteinander, die wir haben, und die Folge ist, daß sie sich nicht einander kennen, und darum einander nicht verstehen. Unwissenheit ist gefährlich, und der Mangel an Achtung, der oft die Folge von Unkenntnis ist, ist noch gefährlicher. Möge ein jeder unter uns, wenn er wieder in Europa lebt, es als seine Aufgabe betrachten, bessere Bekanntschaft und Derständigung zwischen diesen beiden großen Dölkern zuwege zu bringen. Es ist nicht wahr, daß die Welt nicht groß genug für uns beide ist. Wir haben beide noch viel Arbeit in der Welt zu leisten, und wir können sie am besten leisten bei gegenseitiger Achtung voreinander und bei vollkommenem gegenseitigem Gleichstellen."

Das ist vor der letzten scharfen Zuspitzung der englisch-deutschen Beziehungen gesprochen. Es ist vielleicht nützlich, an das Wort zu erinnern. Es wäre ein Programm, nach dem ein gedeihliches Nebeneinanderwirken von Engländern und Deutschen sehr wohl möglich wäre. An den Deutschen liegt es sicherlich nicht, wenn eine Annäherung auf solcher Grundlage ausbleibt.

Der nahe Orient. Über die Stellung der Deutschen in der europäischen Türkei ist schon oben (S. 59) berichtet. Ihr steigender Einfluß macht sich auf allen Lebensgebieten bemerkbar, insbesondere in Handel und Derkehr. Das greift auch nach der asiatischen Türkei hinüber. In der Levante wächst der Handel des Deutschen Reiches und Österreichs bedeutend schneller als der der übrigen Weltmächte. Auch hier gewinnt die deutsche Sprache eine erfreulich wachsende Derbreitung. In Smyrna, in Beirut, in Jerusalem gibt es gute deutschen Schulen und wohltätig wirkende humanitäre Anstalten. Es sei noch der Bagdadbahn gedacht, die, unter Leitung der Deutschen Bank erbaut, weite Strecken Kleinasiens durchzieht und deren Weiterführung bis zum Meere einer der Prüfsteine für den Ernst einer englischen Derständigung mit dem Deutschen Reiche werden soll, endlich der glücklich gedeihenden kleinen deutschen Ackerbau- und Weinbaukolonien der Württembergischen Templer in Palästina.

Unter den Begriff des nahen Orients fällt auch Ägypten. Wir sind gewohnt, das Nilland als eine englische Kolonie zu betrachten. Mag sein, daß es in Wirklichkeit als solche anzusehen ist. Der englische Einfluß ist politisch der maßgebende. Aber staatsrechtlich ist noch immer der Sultan der nominelle Oberherr. Es ist etwas zuviel Bereitwilligkeit gegenüber der englischen Weltmacht, wenn auf den Karten Ägypten als englisches Gebiet verzeichnet wird. England hat nur die Pflegschaft Agyptens übernommen, und nicht einmal ausschließlich. In Ägypten ist die Staatsschuldenverwaltung auf internationaler Grundlage organisiert. In den gemischten Gerichtshöfen sitzen reichsdeutsche Mitglieder, und das Deutsche Reich hat mit den anderen Großmächten teil an den Kapitulationen. Der deutsche Gesamthandel mit Ägypten hat sich nach Ausweis der amtlichen Statistik von 1902—1911 von 64 Millionen Mk. auf 141$^1/_2$ Millionen gehoben, also verdoppelt. Dabei ist der deutsch-ägyptische Warenverkehr über italienische und österreichische Häfen unberücksichtigt. Die Zahl der im Deutschen Reich Geborenen betrug 1897 in Ägypten 1281 Köpfe. Mit Österreichern (7115) und Schweizern (472) erhob sich die Zahl der Deutschsprachigen nahe an 9000. Heute dürfte sie 10—12000 betragen. Durch Errichtung deutscher Schulen, durch Gründung deutscher Krankenhäuser in Alexandria und Kairo hat das Deutschtum in Ägypten sich kulturell wirksam zur Geltung gebracht. Es wäre dringend zu wünschen, daß von deutscher Seite in dieser Richtung noch eifriger vorangestrebt würde. Man hat darüber gestritten, ob die deutsche Auslandschule auch Nichtdeutschen zugänglich sein soll. Heute dringt doch wohl mehr und mehr die Erkenntnis durch, daß ein weitgehendes Entgegenkommen in diesem Betracht deutsche Sprache und deutsche Kultur weiteren Kreisen zuführt und daß dadurch die deutsche Weltgeltung gestärkt wird. — Es ist neuerdings betont worden, daß eine weitere Ausbreitung der deutschen Sprache im nahen Orient unter anderem eine bedeutsame Nebenwirkung erzielen könnte Es würde dadurch die österreichisch-ungarische Monarchie, die nach der Schweiz und nach dem Deutschen Reich hin an rein deutsche Grenzen stößt, auch im Südosten von weltsprachlich deutschem Gebiet umklammert werden. Für den Weltverkehr kommt von den Sprachen der nichtdeutschen Völker Österreich-Ungarns, abgesehen vom Italienischen, keine einzige in Betracht. Die zunehmende Industrialisierung Österreich-Ungarns drängt ebenso auf erhöhte Weltgeltung, wie seine Flottenpolitik der Ausweitung seiner Wirtschaftsinteressen zustrebt. Bei einer solchen Entwickelung muß die tschechische, die slowenische oder magyarische Sprache im Wettbewerb mit der deutschen hoffnungslos zurückbleiben. So angesehen ist es kein leerer Traum, daß deutsche Schulen in größerer Zahl an den wichtigsten Plätzen der europäischen und asiatischen Türkei und Ägyptens direkt und indirekt zugunsten der deutschen Sache in Österreich-Ungarn wirken müßten.

Der ferne Orient. Neben der islamitischen Welt des nahen Orients ist in den letzten Jahrzehnten, namentlich seit der Eröffnung des Suezkanals, die Bedeutung der alten Kulturstätten Ostasiens für den Weltverkehr wieder lebendiger in den Vordergrund gerückt. China und Japan stehen dabei voran. England, Frankreich und Rußland haben zuerst dort zugegriffen. Mit der Pachtung von Kiautschou hat auch Deutschland sich einen bedeutsamen Anteil gesichert. Die Entwickelung Japans, die innere Umwälzung in China, die Expansionspolitik der Vereinigten Staaten haben neuerdings den Wettkampf im fernen Osten gewaltig gesteigert. Das moderne Japan dankt seine aufsteigende Entwickelung, neben der eingeborenen Tüchtigkeit, der Aufnahme europäischer Kultur. Es hat seine Bedenken, die Mitwirkung der verschiedenen Nationen dabei abzuwägen. Unzweifelhaft aber hat Japan von angelsächsischer und deutscher Seite die wirksamste Unterstützung erfahren und erst mit starkem Abstand folgen die Franzosen. Einen annähernden Gradmesser bietet die Zahl der an höheren Lehranstalten unterrichtenden Ausländer. Nach einer Aufstellung vom Jahre 1909 waren in Japan 86 fremde Gelehrte tätig, darunter 31 Deutsche, 19 Engländer, 16 Amerikaner, 6 Franzosen und 2 Schweizer. Engländer und Amerikaner also stellten zusammen 35. Auch wenn man die Schweizer nicht den Deutschen zuzuzählen hat, wird das geringe angelsächsische Übergewicht, das im wissenschaftlichen Betrieb sich herausstellt, nicht nur ausgeglichen, sondern erheblich überholt durch die deutsche Beeinflussung des japanischen Heeres. Deutsche Offiziere haben die japanische Armee geschult. General Meckel, dem im Juli 1912 in Tokio ein Denkmal errichtet worden ist, ist der Schöpfer des japanischen Generalstabes. Die Japaner selbst schreiben dem Wirken dieses preußischen Offiziers einen entscheidenden Anteil an ihren Waffenerfolgen zu. Die Flotte ist durch englische Instrukteure ausgebildet. Aber das Offizierkorps des Landheeres ist sehr viel zahlreicher als das Seeoffizierkorps. In der japanischen Wissenschaft hat namentlich auf medizinischem Gebiete Deutschland die unbestrittene Führung. Heute sind nahezu alle hervorragenden japanischen Mediziner auf deutschen Hochschulen ausgebildet. Dasselbe gilt für einen starken Bruchteil der japanischen Hochschullehrer in allen anderen Fächern. Die gesamte wissenschaftliche Welt Japans spricht Deutsch und Englisch. In zahlreichen höheren Schulen Japans ist die deutsche Sprache obligatorisch. So in der Adelsschule, in den Kadettenschulen, in der Offiziersschule, in der Artillerie-Pionier-Schule, in der Kriegsakademie und selbst in der Reitschule. Auf dem Seminar für fremde Sprachen und an der Universität steht das Deutsche neben dem Englischen an erster Stelle. — Der ganze Vorgang der Europäisierung Japans erinnert lebhaft an die Umwälzung Rußlands unter Peter dem Großen. Die Zuführung der fremden Kultur war in Japan womöglich noch unvermittelter als in dem Rußland Peters des Großen. Aber sie erfolgte unter schonenderer Rücksichtnahme auf heimische Empfindlichkeiten. Peter der Große hat in Rußland die Fremden in die leitenden Stellungen geschoben. Sie wurden Minister und Feldmarschälle. In Japan hat man die Fremden als Lehrmeister benutzt, ohne sich ihrem Befehl unterzuordnen; und sie sind aus japanischem Dienst entlassen worden, sobald ihre Unterweisung ihren Zweck erreicht hatte. — Die Verminderung, die die Zahl der Europäer in Japan dadurch erfahren hat, ist durch den verstärkten Zuzug von Vertretern der Handelswelt ersetzt worden. Die Deutschen zählen in Japan derzeit gegen 1000 Köpfe, an sich eine verschwindende Minderheit. Aber ihre Qualität ist von Belang: selbständige Unternehmer im Großhandel, Vertreter unserer Weltfirmen, wie Krupp, Siemens & Schuckert, und unserer großen Schiffslinien. Im Handel haben Engländer und Amerikaner den Vortritt vor den Deutschen. Die Handelssprache ist in Japan wie in China die englische. Aber die Deutschen sind mit Erfolg bestrebt, den Vorsprung einzuholen, den Engländer und Amerikaner gewonnen haben. Bis 1907 ist die deutsche Einfuhr nach Japan ständig gestiegen. Sie erreichte 1907 mit 102 Millionen Wert einen Höhepunkt. 1908 und 1909 folgte ein Rückgang bis auf $77^{1}/_{2}$ Millionen, im Jahre 1910 ein Aufstieg auf annähernd 90 Millionen. 1911 wurde mit $112^{1}/_{2}$ Millionen der Höhepunkt von 1907 beträchtlich überholt. Die Schwankungen sind bis zu gewissem Grade die Wirkung der reichsdeutschen Politik, die im Verein mit Rußland und Frankreich im chinesisch-japanischen Kriege zugunsten Chinas eingriff. Japan hat gerade den Deutschen das Vorgehen nachgetragen, nicht den Russen und Franzosen. Vielleicht noch nachhaltiger ist die japanische Verstimmung gegen Deutschland durch die englische Beeinflussung der japanischen Presse bestimmt.

Dafür hob sich die deutsche Geltung in China. Allerdings ist dort durch den Sturz der Mandschudynastie und die Aufrichtung der Republik soeben wieder eine neue Sachlage geschaffen, die eine steigende Einflußnahme namentlich des Amerikanertums erwarten läßt. Auch in China ist das deutsche Element wenig zahlreich. Abgesehen von den Deutschen des Pachtgebietes Kiautschou und von unseren Besatzungstruppen in Tsingtau, Tientsin, Peking und Hankau, die sich insgesamt auf etwa 3000 Mann beziffern, wurden in China 1910 240 deutsche Firmen mit 4100 reichsdeutschen Angestellten gezählt. Sie haben ihren Sitz in Hankau, Shanghai, Tientsin, Peking, Canton und Hongkong.

China mit seinen unendlich weiten, fruchtbaren Gebieten, mit seinen unermeßlichen Schätzen an Kohle, Erzen und edlen Metallen und mit seiner gewaltigen Bevölkerung, ist ein aussichtsreiches Zukunftsgebiet. Erst allmählich erschließt sich das Land dem auswärtigen Handel. Das Deutsche Reich tritt auch hier für den Grundsatz der "offenen Tür" ein. Der deutsche Anteil am Verkehr ist im Steigen. 1901 wies der direkte deutsch-chinesische Güteraustausch den Wert von 60,5 Millionen Mk. auf, 1911 war der Wert auf 175,1 Millionen angewachsen. Aber diese Ziffern geben kein vollständiges Bild, da die deutschen Firmen in China in starkem Umfang die Warenvermittelung fremder Länder mit China besorgen. In Hongkong gehen 3/5 des Ein- und Ausfuhrhandels durch die Hände deutscher Kaufleute, in Shanghai 2/5. Eine wichtige Stütze für die Stellung des deutschen Handels ist Kiautschou geworden. Die Ein- und Ausfuhr Tsingtaus ist von 3 Millionen Mk. im Jahre 1900 auf 120 Millionen i. J. 1910 gestiegen. Alle anderen chinesischen Seehäfen haben in den verflossenen Krisenjahren schwere Rückschläge erlebt, die noch nicht ausgeglichen sind. In Tsingtau hat der wesentlich geringere Rückgang den Aufschwung nicht gehemmt. Das vorher günstigste Jahr 1906/07 ist 1910 um etwa 25 v.H. überholt gewesen.

Von recht erheblicher Bedeutung ist die deutsche Schiffahrt nach China, die an Schiffszahl und Tonnengehalt der englischen gleichkommt. Die Hamburg-Amerika-Linie und der Norddeutsche Lloyd vermitteln nicht nur die Verbindung zwischen Europa und China, sondern auch zwischen China und Japan und zwischen China und Australien. Eine stattliche Flotte kleiner deutscher Dampfer dient dem Verkehr an der chinesischen Küste und auf dem Jangtsestrom. Das alles ist erreicht worden, obgleich die deutsche Regierung mit ihren Subventionen sehr viel zurückhaltender ist, als die anderen Seemächte. Die deutschen Linien haben sich durch eigene Kraft, durch Pünktlichkeit und Schnelligkeit, durch Sauberkeit und Zuverlässigkeit an die erste Stelle gebracht.

Über die kommende Gestaltung der inneren Verhältnisse Chinas herrscht heute noch volle Ungewißheit. Aber ganz gleich was dort aus den inneren Wirren ersteht, es bleibt das Volk von 400 Millionen Köpfen. Und die Erschließung des Landes und seine zunehmende Beeinflussung durch die europäische Zivilisation läßt sich nicht mehr zurückschrauben. So erwächst hier der weißen Rasse eine gewaltige Aufgabe. Engländer, Amerikaner, Franzosen sind längst bemüht, durch Begründung von Schulen und Wohlfahrtsanstalten in China sich einen zuverlässigen Rückhalt im Lande zu sichern. Die Vereinigten Staaten haben auf die chinesische Entschädigung für das beim Boxeraufstand zerstörte amerikanische Eigentum verzichtet, und sich dafür ausbedungen, daß China 10 Jahre lang 80 junge Chinesen auf amerikanische Schulen schicke und eine Anzahl von Lehrerstellen an chinesischen Schulen mit amerikanischen Lehrern besetze. Der republikanische Sturm in China ist sehr wesentlich eine Wirkung dieser Erziehung. Auch die englische und amerikanische Mission bemüht sich eifrig um das Schulwesen in China. Und alle diese Bestrebungen erfahren die lebhafteste Förderung von seiten der heimischen Kapitalisten. Der Amerikaner legt dabei am wenigsten auf die Christianisierung der Chinesen Gewicht. Er will den allgemeinen Einfluß der Union mit allen Mitteln gesteigert sehen. Paul Rohrbach teilt den Ausspruch eines amerikanischen Geschäftsmannes mit: „Jeder amerikanische Missionar ist mir 1000 Dollar wert. Ich sehe nicht ein, warum ich ihm nicht 1% Provision zahlen soll." Neuerdings lenkt auch das Deutsche Reich in die gleichen Bahnen ein. Aufblühende deutsche Bildungsanstalten sind in verheißungsvoller Entwickelung begriffen; an erster Stelle die deutsche Hochschule in Tsingtau. Kundige fordern, daß in dieser Richtung noch sehr viel mehr geschehen möge. Ein Mitglied der Berliner Handelskammer sprach kürzlich über „die Vorbereitung des ostasiatischen Marktes für die Ausdehnung unseres Exportes dorthin". Er empfahl eindringlich den Weg moralischer Eroberungen durch Errichtung möglichst vieler Schulen mit Angliederung technischer Kurse an allen volkreichen Plätzen Chinas. Unserer Industrie und unserem Handel, die an dem in so riesenhaftem Umfange in China neu entstehenden Bedarf interessiert sind, gab er den Rat, größere Summen dafür aufzubringen:

„Die aufgewendeten Gelder sind als nichts anderes denn als Handlungsunkosten für Propaganda anzusehen, die in der Zukunft sich ebensogut rentieren können, ja vielleicht in höherem Maße Erfolge versprechen, als z. B. manches hochbezahlte Inserat."

Die übrige Welt. Im vorstehenden sind die Überseegebiete, die für das Deutsche Reich von größerem Belang sind, berührt. Es könnte noch Niederländisch-Indien erwähnt werden, wo namhafte deutsche Handelsinteressen und wichtige Schiffahrtsverbindungen vorliegen (Gesamtumsatz mit dem Deutschen Reich 1911: 245,5 Millionen Mark), und in weitem Abstand einige selbständige Gebiete in Afrika: Liberia und Abessinien, in Südasien: Siam.

In Liberia hat die Hamburger Firma Woermann starke Interessen und einen gewissen Einfluß. Neuerdings sind es die Vereinigten Staaten, die durch die finanzielle Sanierung der Negerrepublik dort eine maßgebende Stellung zu gewinnen bemüht sind. — In dem schwer zugänglichen und etwas geheimnisvollen Abessinien war der halbmythische Kaiser Menelik ein Förderer deutscher Unternehmungen — wir wissen noch heute nicht zuverlässig, ob der hundertmal Totgesagte wirklich tot ist, oder noch unter den Lebenden weilt. Meneliks Hinneigung zum Deutschen Reich ist begreiflich. Abessinien ist von England, Frankreich und Italien umstellt. Das Deutsche Reich erscheint politisch ungefährlich. Das deutsche Kapital aber hat bei der Unsicherheit des schwer zugänglichen und wenig erschlossenen Landes größere Unternehmungen noch nicht gewagt. Man munkelt, daß die stets erneuten Warnungen, die in London, Paris und Rom über drohende Unruhen in Abessinien laut werden, nur den Zweck verfolgen, deutsches Kapital von unerwünschter Betätigung abzuhalten. Die freundlichen Warner gründen unterdes ein Unternehmen nach dem anderen, während die deutschen Pläne auf Grund der bösen Nachrichten bis zur Einkehr ruhiger Verhältnisse vertagt werden. Auf solche Weise haben Franzosen und Engländer noch vor wenigen Jahrzehnten Brasilien als eine Szylla geschildert, in deren Strudel das Kapital rettungslos verschwände. — In Siam haben ähnliche Beweggründe wie in Abessinien eine ausgesprochene Deutschfreundlichkeit hervorgerufen. Dort gelten England und Frankreich als die möglichen Vernichter der Autonomie. Das führte zu einer Begünstigung des deutschen Elements. Das Verkehrswesen ist ganz nach deutschem Muster eingerichtet. Post und Eisenbahnwesen sind von deutschen Beamten geordnet und geleitet, die großen Kanalbauten sind das Werk eines Deutschösterreichers. Die vornehme Jugend Siams erfährt im Deutschen Reiche ihre militärische wie ihre wissenschaftliche Ausbildung. In Liberia, in Abessinien, in Siam wünschen wir der deutschen Betätigung störende Beeinträchtigungen von dritter Seite ferngehalten.

Das Deutsche Reich ist in dem größten Teil der überseeischen Welt an der politischen Herrschaft nicht beteiligt, sondern nur wirtschaftlich interessiert. Es gibt heute kaum ein Auslandgebiet, das nicht in den Kreis deutscher Wirtschaftsbetätigung hineingezogen wäre. Nach Lage der Dinge ergäben sich also für das Deutsche Reich zwei Möglichkeiten: eine Politik der Eroberung und des Zugreifens, wie sie gelegentlich von nichtverantwortlicher Stelle aus empfohlen worden ist, oder aber: eine Politik der friedlichen Erschließung und Sicherung derjenigen Märkte, die uns die Handelspolitik einer anderen Kulturmacht zollpolitisch nicht zu versperren vermag. Der Kreis der überseeischen Länder, die nicht, oder noch nicht unter fremder Vormundschaft stehen, verringert sich zusehends. Um Persien ist längst der Streit zwischen England und Rußland entbrannt. Die politische Vorherrschaft über Marokko ist Frankreich ausgeliefert. Nach Tripolis hat Italien hinübergegriffen. Was das Deutsche Reich begehrt, ist die offene Tür für den internationalen Handel in allen diesen Gebieten. Dieser Gesichtspunkt hat die deutsche Marokkopolitik geleitet, die nur zu hindern bemüht war, daß Frankreich mit der politischen Macht ein Handelsmonopol an sich reiße. In Marokko ist vertragsmäßig die offene Tür gewahrt. Es bleibt abzuwarten, wieweit die Abmachung Kraft gewinnt. Auch Ägypten darf uns nicht verschlossen werden, ebensowenig wie Persien oder der nahe und der ferne Orient. Neuerdings mehren sich die Widerstände, die der friedlichen Ausdehnung des deutschen Handels entgegentreten. Es ist die Rückwirkung der erstaunlichen Entwickelung, die die deutsche Wirtschaftsmacht in den letzten Jahrzehnten durchlaufen hat.

Die Weltstellung des neuen Deutschen Reiches.

Als vor 41 Jahren das Reich in klirrender Kriegsrüstung ins Leben trat, da hatte zu dem, was als Erbteil unserer Väter uns überkommen war, ein neues sich gesellt, das eine größere Zukunft verhieß. Der alte Fluch der Deutschen, die staatliche Zersplitterung war endlich für die Mehrzahl der deutschen Stämme überwunden. Ein starker deutscher Einheitsstaat war geschaffen, der daheim und draußen seinen Bürgern Schutz gewähren sollte. Die im Reich politisch geeinten deutschen Stämme waren unbestritten die erste Landmacht in Europa geworden. Die Welt besorgte eine verwegene Eroberungspolitik von deutscher Seite. Aber das deutsche Volk trat in friedlichen Wettbewerb mit den anderen Nationen. Über alles Erwarten glänzend war das Ergebnis. Es ist ein handgreiflicher Irrtum, daß der Aufstieg nur in der Bismarckschen Epoche angehalten habe. Neben der Waffenmacht zu Lande ist die deutsche Flottenwehr erstanden. Wir haben unseren Kolonialbesitz erweitert und abgerundet. Unsere Industrie ist in stetem Aufstieg begriffen. Auf den letzten Weltausstellungen hat sie anerkanntermaßen ausgezeichnet abgeschnitten. Gleicherweise haben unser Handel und unsere Schiffahrt Riesenfortschritte zu verzeichnen. Frankreich ist längst überholt und wir kommen England immer näher. Das Volk der Dichter und Denker hat endlich Wert und Bedeutung auch der wirtschaftlichen Machterweiterung richtig einschätzen gelernt. Es sind heute nicht mehr nur die bescheidenen Haustugenden und die stillen Ruhmestaten deutschen Geistes, die dem Deutschtum in der Welt erhöhte Geltung verschafft haben, sondern die stolzen Siege deutscher Waffen, die Erfolge deutschen Unternehmermutes und deutscher Arbeit. An Stelle des „billig und schlecht" als Kennwort für deutsche Erzeugnisse ist heute die deutsche Fabrikmarke eine wirkungsvolle Empfehlung. Nicht nur die Vertreter deutscher Geisteswissenschaft, sondern auch die Träger praktischen Könnens, deutsche Ingenieure, deutsche Chemiker, deutsche Ärzte, erfreuen sich eines Ehrenvorranges. Auch die stolzen Fahrzeuge unserer großen Schiffslinien haben zur Hebung des deutschen Ansehens ihr gut Teil beigetragen. Selbst Fremde räumen ein, daß die deutschen Ozeandampfer an solider Pracht, an Reinlichkeit, Bequemlichkeit und unbedingter Zuverlässigkeit nicht ihresgleichen haben. Auf deutscher Seite vollzieht sich der wirtschaftliche Fortschritt in schnellerem Schritt als der der übrigen Welthandelsmächte. Mit mathematischer Sicherheit rückt der Zeitpunkt heran, an dem das Deutsche Reich hinter keinem Wettbewerber im Weltverkehr zurücksteht. Das ist's, was an verschiedenen Stellen so ernsthafte Beklemmungen wachruft. Es ist richtig, daß die Schärfe des deutschen Schwertes nicht von neuem erprobt worden ist. Aber die aus Respekt und Grauen gemischte Empfindung, die das deutsche Heer und neuerdings auch die deutsche Flotte bei den offenen und heimlichen Gegnern auslösen, läßt nicht vermuten, daß in deren Augen unsere Wehrmacht etwas eingebüßt hat. Unsere Schwarzseher haben auf die zukunftsfrohe Beurteilung der heutigen Lage des Deutschen Reiches Schopenhauers Wort vom „ruchlosen Optimismus" anwenden wollen. Gerade dieser Erzvater des Pessimismus ist ein schlechter Kronzeuge gegen mutige Zuversicht und Lebensbejahung. Darüber kann niemand im unklaren sein, daß unsere gehobene Stellung in der Welt uns ein Heer von Neidern und Widersachern erweckt hat. Auch Bismarcksche Staatskunst hätte das nicht verhütet. Unsern Gewinn verrechnen die anderen als Verlust. Das vor allem bestimmt das Urteil des Auslandes über uns. Gewiß findet der stolze Aufstieg des Deutschen Reiches vereinzelt auch bei den anderen Nationen Anerkennung. Man wird, was uns Rühmendes nachgesagt wird, getrost in die zweite Linie rücken dürfen. Fremder Tadel ist lehrreicher als fremdes Lob. Unter allen Umständen tritt die Gesinnung der Urteiler gegen uns im Tadel ungeschminkter zutage. Es gibt bei uns Kreise, die geneigt sind, jedes abfällige Auslandsurteil über das Deutsche Reich als Beweis dafür zu verwerten, wie mangelhaft und besserungsbedürftig unsere heimischen Zustände wären. Die Unbeliebtheit der Deutschen draußen, unsere scheinbare politische Vereinsamung, die Gefahren der Einkreisungspläne — das alles meinen sie abstellen zu können, wenn unsere Verhältnisse nach den freundlichen Ratschlägen der Fremden zugestutzt würden. Das ist mehr als kindliche Harmlosigkeit. Niemand wird behaupten, daß in unseren inneren Zuständen nichts zu bessern wäre. Aber den gewissenhaft abwägenden Vergleich mit anderen Nationen haben wir wahrlich nicht zu scheuen. Letzten Endes kommt doch, was dem Reich die Abneigung des Auslandes zuzieht, und was den einzelnen Deutschen draußen unbeliebt macht, auf dasselbe hinaus. Es sind zum guten Teil die Einrichtungen unseres Staates und die Eigenschaften unseres Volkes, die unsere Stärke daheim ausmachen und die dem Deutschen draußen seine Erfolge sichern. Man bekreuzigt sich vor der harten Disziplin unseres Heeres, vor der straffen Zucht, die uns Ordnung, ehrliche Verwaltung und Wehrhaftigkeit verbürgen. Auch der Deutsche, der in aller Welt draußen als selbständiger Unternehmer wie als Angestellter immer breiteren Raum gewinnt, dankt das seiner Pünktlichkeit, seiner Zuverlässigkeit, seinen Kenntnissen, seinem „büffelhaften Fleiß", wie man draußen gelegentlich spottet. Zweifellos ist das unbequem für unsere Mitbewerber. Ein französisch gesinnter belgischer Dichter, der von der deutschen Gefahr für Belgien spricht, erklärt das unaufhaltsame Vordringen des deutschen Elementes im Geschäftsleben Brüssels und Antwerpens: „Es gibt keine andere Rasse, die mit ihrem butterblonden Haar und ihrer glatten Haut ebenso ausdauernd, ebenso mutig und ebenso hartnäckig wäre." Genau auf denselben Ton sind die englischen Klagen über den Einbruch der Deutschen in ihre indischen Kolonien gestimmt. Die Engländer sind nervös geworden. Sie sagen: „Früher konnten wir hier Kulturmenschen sein. Vor Niederlassung der deutschen Kaufleute brauchten wir täglich nur einige Stunden zu arbeiten, den weitaus größten Teil des Tages konnten wir der Erholung und Zerstreuung widmen. Das ist durch die Deutschen anders geworden, die den ganzen Tag, oft sogar noch bei Lampenlicht arbeiten." Das sind Vorwürfe, deren sich niemand zu schämen braucht. Unsere Konkurrenten freilich glauben gegen so bedenkliche Mittel unlauteren Wettbewerbs nicht scharf genug vorgehen zu können. Mit sehr merkwürdigen Waffen suchen sie die Deutschen in Nachteil zu setzen. In China ist vor kurzem von einer englischen Missionsdruckerei ein Büchlein für den geographischen Unterricht in chinesischen Schulen hergestellt worden, in chinesischer Sprache und in der in China üblichen Frage- und Antwortform. England ist selbstverständlich am ausführlichsten behandelt. Frankreich, Italien, Rußland, selbst Bulgarien sind ergiebig berücksichtigt. Über das Deutsche Reich findet sich nur ein Satz: „Deutschland ist diejenige Nation, die unter der Regierung des Kaisers Kuang Hsü durch den hinterlistigen und gewaltsamen Raub von Kiautschou einige andere europäische Völker dazu gezwungen hat, gleichfalls Niederlassungen in China zu erwerben." In Wahrheit haben Engländer und Franzosen lange vor den Deutschen in China sich festgesetzt. Auch die Portugiesen haben dort von alter Zeit her noch einen wertvollen Stützpunkt. Über das Deutsche Reich, seine Lage, seine Bedeutung, seine Volkszahl, seine Verfassung, seinen Handel und seine Kultur enthält das Lehrbuch nichts! Da haben wir ein eindrucksvolles Beispiel dafür, in welcher Weise gegen den deutschen Einfluß Stimmung gemacht wird.

Über die Gründe dieses skrupellosen Verhaltens ist ein Zweifel ausgeschlossen. Wir waren der herablassenden Anerkennung der anderen für den deutschen Idealismus sicher, solange wir selbst auf Macht und Geltung und klingenden Vorteil verzichteten, solange wir bei der Verteilung der Welt lediglich mit dem Gafferblick in den olympischen Himmel uns begnügten und nur über Gedanken, die die draußen in der Welt umliefen, das „Made in Germany" leuchtete. Seit unter dieser Marke auch deutsche Industrieerzeugnisse in alle Welt hinausgehen, seit auf allen Meeren unsere Flagge weht, haben wir es mit allen denen gründlich verdorben, die vordem den Welthandel als ihr Monopol anzusehen gewohnt waren.

Die ersten, die den Wandel unangenehm verspürten, waren die Briten. Sie suchten vor Jahren den Siegeszug der deutschen Ausfuhr zu hemmen, indem sie im Verkehr mit England und den englischen Kolonien die Kennzeichnung deutscher Waren als solcher forderten. Aber die Marke hat sich zu Ehren gebracht. Sie ist zu einer Anpreisung für deutsche Leistungsfähigkeit geworden. Nun ist Anfang 1912 im englischen Unterhause ein Gesetz eingebracht worden, das dem „Made in Germany" den Garaus bereiten will. Nach dem neuen Gesetzentwurf sollen alle in England hergestellten Erzeugnisse als britische Waren bezeichnet werden, die Produkte des Auslandes aber unter Fortfall der Kennzeichnung des Ursprungslandes nur noch die Aufschrift „not british" tragen dürfen. Damit verschwände die werbende Wirkung des als Warnung gedachten „Made in Germany", mit dem man so wenig erbauliche Erfahrungen gemacht hat. Der Vorschlag hat die Zustimmung einer ganzen Reihe englischer Handelskammern gefunden. Aber ob seine Annahme den gewünschten Erfolg haben dürfte, bleibt doch fraglich. Kein Zweifel, daß der Wettbewerb von deutscher Seite mit äußerster Kräfteanspannung geführt werden muß. Aber wir haben an der Tatkraft und dem Unternehmermut der Leiter unseres Handels, unserer Industrie, unserer Schiffahrt, an der gewissenhaften Sorgfalt unserer Arbeiterschaft, an unserer fortschreitenden Wissenschaft, die mit der Technik in engster Fühlung steht, nicht zuletzt an unserem Auslanddeutschtum einen zuverlässigen Rückhalt. Wir vertrauen, daß alle diese günstigen Umstände in verstärktem Maße fortwirken werden. Und noch ein anderer Umstand verdient in diesem Zusammenhang Erwähnung. Das Deutsche Reich ist vorangeschritten mit dem Ausbau seiner sozialen Gesetzgebung. Der weitgehende Arbeiterschutz, den wir mit Kranken-, Unfall- und Altersversicherung durchgeführt haben, hat unserer Industrie die schwersten Lasten zugewälzt. Unsere

Unternehmer haben nicht ohne Grund durch die daraus sich ergebende Produktionsverteuerung sich beschwert gefühlt. In unseren Handelskreisen ist in letzter Zeit gelegentlich die Klage laut geworden, daß dem steigenden Warenumsatz keine steigende Gewinnquote entspricht. Jetzt, wo die anderen Staaten sich genötigt sehen, uns in der Arbeiterschutzgesetzgebung nachzufolgen, soll die Zeit der Ernte für uns reifen. Die Lasten, die wir längst in Rechnung zu stellen gewohnt sind, erwachsen nunmehr auch den anderen. Das muß die Stellung der deutschen Industrie und damit des deutschen Handels auf dem Weltmarkt in Zukunft günstiger gestalten.

Reichsdeutsche und Auslanddeutsche.

Die Zahl der Deutschen auf unserem Planeten nähert sich der hundertsten Million. Einige 60 Millionen leben im Deutschen Reich, einige 30 Millionen außerhalb seiner Grenzen. Von diesen Millionen von Auslanddeutschen weist nur ein geringer Bruchteil Beziehungen zu unserem Staate auf. Reichsdeutsch und deutsch sind eben zwei verschiedene Dinge. Am 22. März 1911 ist in Kiel der Stapellauf eines neuen Linienkreuzers erfolgt. Die Kaiserin hat das Schiff auf den Namen „Kaiser" getauft. Bethmann Hollweg hielt die Taufrede: „Deutsche Arbeit fügte dich auf deutscher Werft, auf daß du ein Schutz seiest für deutsche Arbeit überall auf dem Erdenrund. Treue zum Kaiser in den Herzen deiner Mannen wird der Kompaß sein, nach dem du steuerst, auf daß du Treue zur Heimat pflanzest in die Herzen aller Deutschen da draußen!" Das klingt fast „pangermanisch". Aber selbstverständlich hat der Reichskanzler nicht an jeden beliebigen Auslanddeutschen gedacht. Für unser Deutsches Reich ist der „Deutsche": der Reichsdeutsche. Der amtliche Begriff des Auslanddeutschen ist auf solche Individuen beschränkt, die zu unserem Staate in unmittelbarer Beziehung stehen, d. h. die die Reichszugehörigkeit haben. Insgesamt ist nach den letzten einschlägigen Veröffentlichungen des Kaiserlichen Statistischen Amtes von 1905 für 708 071 Personen im Ausland die Reichsangehörigkeit nachgewiesen. Unter allen Umständen ist es eine verhältnismäßig bescheidene Zahl, der das stolze Wort des Reichskanzlers gilt. Unser Staat muß diesen klaren Standpunkt festhalten. Es ist ein Unding zu fordern, daß er seinen starken Schutz über den streng geschlossenen Kreis seiner Bürger hinaus ins Unbestimmte ausdehne.

Was nun gehen uns alle die anderen, die ungeheuere Masse der „Auchdeutschen" an? Unser Staat kennt sie nicht. Sie sind für ihn Angehörige einer fremden Macht. Für ihren Schutz zu sorgen oder für ihr Recht einzutreten, ist nicht seines Amtes. Das wäre eine Einmischung in die inneren Verhältnisse eines Fremdstaates, die nach den behutsam leisetreterischen Gepflogenheiten des internationalen diplomatischen Verkehrs ausgeschlossen sein soll. Die Volksseele empfindet anders. Sie faßt den Begriff des Auslanddeutschtums im Sinne der gemeinsamen Sprache und Stammesart. In diesem Sinne sind Deutschösterreicher, Deutschungarn, Schweizerdeutsche, Deutschrussen und wo immer in der Welt deutsche Abkömmlinge sich der inneren Gemeinschaft mit dem großen deutschen Gesamtvolk bewußt sind und dies durch Festhalten ihrer deutschen Muttersprache bekunden, Deutsche so gut wie wir. Deutsch ist, ohne Unterschied der Staatsangehörigkeit, wer Deutsch spricht und Deutsch fühlt. Es gibt ein „Größeres Deutschland", hinausragend über das Reichsgebiet, wie über den geschlossenen deutschen Wohnraum Mitteleuropas. Es reicht in alle Weiten, über alle Meere — so weit die deutsche Zunge klingt! Eine zeitgemäße Ergänzung von Ernst Moritz Arndts deutschem Fragelied mit seinen schon reichlich vielen Strophen müßte heute weitere Umschau halten. Exotische Bilder in Freiligrathschem Stil würden da vor uns auftauchen, von der Wolgasteppe, vom brasilianischen Urwald, von den Pampas Argentiniens, vom australischen Busch, von unseren Farmen und Plantagen in Afrika und unserem Hafen im entzopften China. Wie dieses „Größere Deutschland" räumlich ohne Zusammenhang und ohne feste Grenzen ist, so fließen die Millionen Auslanddeutscher politisch auseinander. Aber letzten Endes sind alle Deutschen in der Welt unsichtbar zusammengehalten durch das Band der Volksgemeinschaft. Schon darin liegt eine innerliche Beziehung zwischen uns und dem Auslanddeutschtum beschlossen. Diese allgemeinste Verknüpfung wird für einzelne Gruppen des Auslanddeutschtums durch die besonderen geographischen und historischen Umstände wesentlich verstärkt. Niemand kann zweifeln, daß das Auslanddeutschtum an den Grenzen des Reichs für unser nationales Dasein eine gesteigerte Bedeutung hat, in vorderster Reihe das Deutschtum der habsburgischen Monarchie. Wir müssen uns immer wieder vor Augen halten, daß die Deutschen des Reichs, Österreichs und der Schweiz ein natürlich zusammenhängendes Ganzes sind. Bezüglich Österreichs war die Tatsache bis 1866 unbestrittenes Völkerrecht. In seiner ersten Thronrede hat Kaiser Wilhelm II. feierlich erklärt, daß er in deutscher Treue an dem Bündnis mit Österreich festhalte, als einem „Vermächtnis der deutschen Geschichte, dessen Inhalt heute von der öffentlichen Meinung des gesamten deutschen Volkes getragen wird". In der Tat ist uns das Bündnis Herzenssache. Das völkische Empfinden steht dabei voran. Aber zugleich weisen politische Erwägungen auf den Wert des Deutschtums im verbündeten Nachbarstaat und auf unser praktisches Interesse an seiner unversehrten Erhaltung. Ein unter slawischer Vorherrschaft stehendes Österreich wäre für das Deutsche Reich kein zuverlässiger Partner mehr.

Ob Österreich und das Deutsche Reich sich in Zukunft noch näher rücken können? Bismarck ersehnte es. Von vornherein wollte er das Bündnis fester gestalten, die Parlamente der beiden Reiche sollten es bekräftigen und es sollte in die Verfassungen ihrer Staaten aufgenommen werden. 1885 hat Bismarck im Reichstag davon gesprochen, daß er Österreich-Ungarn Vorschläge gemacht, oder doch Anregungen gegeben habe, durch zollpolitische Maßnahmen die Lücke zu decken, die die Ereignisse von 1866 in die deutschen Beziehungen gerissen. Er plante also eine Erweiterung des Zollvereins. Die entgegenstehenden Schwierigkeiten erwiesen sich zu seiner Zeit noch als unüberwindlich. Hinterdrein ist der Gedanke von hervorragenden Männern hüben und drüben von neuem aufgegriffen und in der Richtung eines mitteleuropäischen Zollbundes erweitert worden. Aller Voraussicht nach könnte auf diesem Boden nicht nur die festere Verknüpfung mit dem Habsburgerreich, sondern eine Sicherung des gesamten mitteleuropäischen Deutschtums erzielt werden. Eine solche Verbindung auf wirtschaftspolitischer Grundlage müßte notwendig für die beteiligten Mächte auch zu einer weiterreichenden staatlichen Annäherung führen, in der die nationalen Reibungen und Kämpfe am ehesten zur Ruhe kämen. Dafür böte das starke Übergewicht des deutschen Elements eine Bürgschaft. Immer war es deutsche Art, fremdes Wesen neidlos neben sich zu dulden und in seinem Rechte anzuerkennen. Man hat unser weitgehendes Entgegenkommen gegen alles Fremde oft als eine unausrottbare nationale Schwäche getadelt. In einer mitteleuropäischen Gemeinschaft müßte dieses alte Erblaster in eine Kardinaltugend umschlagen. Unter deutscher Führung bliebe Luft und Licht den anderen unverkümmert. Das ist wohl der tiefste Sinn des Bismarckschen Wortes, daß eine deutsche Hegemonie in Europa nützlicher und unparteiischer, auch unschädlicher für die Freiheit anderer wirken würde, als eine französische, russische oder englische. Doch das sind Zukunftsträume.

Unmittelbare Gegenwart ist vorerst nur die ideelle Einheit, die aus der Kulturgemeinschaft allen Gliedern des deutschen Volkes erwächst. Auch hier hat Bismarck mit knappen Sätzen das Wesentliche klar hervorgehoben. Einer Abordnung der deutschen Künstlerschaft hat der Achtzigjährige gesagt: „Die Kunst und die Wissenschaft, die Universitäten und die Kunstwerkstätten, die sind immer deutsch geblieben, von Wien bis Amsterdam — ich will Amsterdam nicht nennen, die Holländer könnten es übelnehmen — sagen wir von Wien bis Kleve. Das wird uns auch immer zusammenhalten. Wir können nach unseren Bildungsverhältnissen gar nicht auseinanderfallen, nach unserer ganzen Geschichte, nach unserer Dichtkunst, nach unserer Kunst." Da haben wir weite Gebiete nationaler Gemeinschaft, die auch ohne äußere Bindung den Gedanken eines „Größeren Deutschland" lebendig halten. Und hier finden wir die Brücke, die uns hinüberführt zu den Deutschen draußen in weiter Ferne, für die keine Aussicht auf eine unmittelbare, vertragsmäßig gesicherte Lebensgemeinschaft mit dem deutschen Kernvolk sich bietet.

Dieses Deutschtum draußen haben wir nach Zahl und Geltung in seinen versprengten Teilen kennen zu lernen versucht. Es bietet unserer aufstrebenden wirtschaftlichen Entwickelung außerordentlich wertvolle Stützen. Ohne die Erträge unseres Außenhandels, unserer Reedereien, unserer im Ausland angelegten Kapitalien ist ein gesundes wirtschaftliches Fortkommen unseres Volkes nicht mehr denkbar. Unter solchen Verhältnissen hat für uns das Auslanddeutschtum eine ganz neue Bedeutung gewonnen. In dem gewaltigen Wettbewerb, der auf dem Weltmarkt sich entspinnt, entscheidet im allgemeinen die beste Leistung bei angemessenen Preisen. Ein anderes aber spricht daneben sehr gewichtig mit. Alle Erfahrung lehrt, daß der Handel mehr als der Flagge der Sprache und dem Volkstum folgt. Nationale Gegnerschaft versteigt sich heute bis zu leidenschaftlicher Befürwortung des wirtschaftlichen Boykotts, während umgekehrt die Ausbreitung unserer Sprache und die Schätzung unseres Volkstums in der Fremde den Absatz deutscher Erzeugnisse erleichtert und fördert. In den Fremdländern stehen Zahl und Geltung des Auslanddeutschtums in deutlich wahrnehmbarer Wechselwirkung zur deutschen Wareneinfuhr, zum deutschen Schiffsverkehr und vielfach auch zur Anlage deutschen Kapitals. Der Deutsche draußen ist der geborene Vorkämpfer und Bahnbrecher unserer Wirtschaftsinteressen daheim. — Aber nicht nur diese nüchternen geschäftlichen Berechnungen kommen in dem großen Zusammenhang der Fragen, die hier auftauchen, in Betracht. Von der Haltung und Gesinnung der Auslanddeutschen hängt sehr wesentlich die Kulturstellung des deutschen Volkes ab, die Verbreitung seiner Sprache, die Wirkung seiner Wissenschaft, Literatur und Kunst. — Werte von unermeßlicher Bedeutung sind es, die in den Millionen von Auslanddeutschen für uns aufgespeichert sind, ganz gleich, ob sie dem deutschen Staat angehören oder nicht; Darum hat unser Verlangen sein gutes Recht, daß diese Deutschen, auch wenn sie keine staatliche Beziehung zu uns haben, unbeschadet ihrer neuen staatsbürgerlichen Pflichten, die nationale und kulturelle Gemeinschaft mit dem deutschen Volke wahren. Letzten Endes erwächst dieses Verlangen innerlich aus überwältigendem Drang. Diese Deutschen draußen reden unsere Sprache, sie verkörpern unsere Eigenart, sie sind Blut von unserem Blut. Es ist für uns Ehrensache, daß sie Deutsche bleiben.

Bedingungen und Möglichkeiten der nationalen Erhaltung des Auslanddeutschtums.

Unsere Geschichte weist in nationaler Beziehung manche trübe Erfahrung auf. Aber die Klage, daß der Deutsche hinsichtlich der Wahrung seines Volkstums eine besonders schwächliche Veranlagung aufweist, hält gegenüber den Tatsachen, die im vorstehenden ausgebreitet sind, doch wohl nicht Stich. Aus der Geschichte schöpfen wir vielmehr die Gewißheit, daß die nationale Schwäche dem Deutschen nicht eingeboren ist, sondern daß sie durch den Wechsel unserer nationalen Geschicke bedingt erscheint. Soweit wir nationale Haltlosigkeit in verflossenen Zeiten beobachten, war sie das Erzeugnis eines jammervollen politischen Niederganges. Vorher, in den Tagen unserer mittelalterlichen Kaiserherrlichkeit, hat es ein starkes und sieghaftes Nationalgefühl gegeben, wie es seit dem neuen Aufschwung unseres nationalen Lebens von neuem ersteht. Das deutsche Volk hat im Mittelalter eine großzügige Kolonisation unter durchgreifender Eindeutschung slawischer Massen vollbracht. Es hat bis an die Grenzen der Balkanhalbinsel und bis in die baltischen Provinzen des heutigen Rußland seine

Vorposten vorgeschoben. Merkwürdig, daß gerade die am weitesten in die Ferne gerückten Volksgenossen, die Siebenbürger Sachsen und die deutschen Balten am treuesten ihre deutsche Art festgehalten haben. Warum? Weil sie im 12. Jahrhundert hinausgegangen sind, in der Stauferzeit, da das alte Deutsche Reich noch ein machtvoll gebietender Staat war und deutsche Volkskraft unendlich reich emporblühte. Stolzer hat kein Dichter sein Vaterland gerühmt, als damals Walther von der Vogelweide Deutschlands Ehre pries. Durch lange Jahrhunderte hat das nachgewirkt. Es hat jenen frühen Auszüglern das Bewußtsein eingeprägt, einem Edelvolk anzugehören; und das hat sie national gewappnet. Gewiß lagen in den Südkarpathen wie an der fernen Ostseeküste die Voraussetzungen für die Aufrechterhaltung des Deutschtums besonders günstig. Die deutschen Siedler kamen als überlegene Kulturträger. Sie stießen auf niedriger stehende Fremdvölker. Rasse und religiöses Bekenntnis erschwerten eine Verschmelzung mit den Eingesessenen. Umfassende, von der staatlichen Gewalt gewährte Vorrechte und die namentlich seit der Reformation neu gefestigte geistige Verbindung mit dem Mutterlande bildeten weitere starke Schutzwehren ihres Volkstums. Aber gerade von den alten Privilegien ist in der Folge, in Siebenbürgen wie im Baltikum, ein Stück nach dem anderen abgebröckelt und die politisch herrschende Nationalität bemüht sich längst mit allen Mitteln, mit rechtswidriger Bedrückung und mit lockender Lohnverheißung, den nationalen Abfall herbeizuführen. — Bisher noch immer vergeblich. Bis heute lebt in den Siebenbürger Sachsen und in den deutschen Balten der nationale Stolz, den sie einst als sicheren Besitz aus dem Stammland mit fortgetragen. Die Bedeutung dieses Moments erhellt am besten aus dem trüben Gegenbild, das spätere Zeiten bieten. Wir haben uns dieses Bild an den Schicksalen der älteren deutschen Überseewanderung vergegenwärtigt. Bei den nationalen Verlusten, die das Deutschtum vor allem in den Vereinigten Staaten und in den englischen Kolonien zu verzeichnen hat, stoßen wir auf die besonderen Umstände, die einer Entnationalisierung Vorschub leisten: die germanische Rassenverwandtschaft; für den plattdeutsch redenden Norddeutschen die erleichterte Aneignung der englischen Sprache; für die Protestanten die Grundgemeinschaft des Bekenntnisses — es ist doch sehr bezeichnend, daß Katholiken und Sektierer, wie die Mennoniten, der Amerikanisierung oder Anglisierung in verringertem

Maße ausgesetzt erscheinen —; der Mangel politischer Schulung; endlich an einzelnen Stellen die zu schwache Vertretung des weiblichen Geschlechts, die zu Mischheiraten nötigte. So hat in der angelsächsischen Welt das Deutschtum in der Regel nur dort sich erhalten, wo es in dichterer Masse sich zusammenballte, wo es auf eigener Scholle saß, und Kirche und Schule deutschen Glauben und deutsche Sprache pflegten. Demgegenüber hat im romanischen Amerika und ebenso in den deutschen Kolonistendörfern Südrußlands und Ungarns, neben dem Gegensatz der Rasse und z. T. des Glaubens, vor allem das Bewußtsein der kulturellen Überlegenheit, das Deutschtum national gestählt. Die „Schwaben" sind sicherlich ohne ein ausgeprägtes Gefühl nationalen Stolzes nach Südrußland und Südungarn gezogen. Den Kirkisen und den stark mit mongolisch-türkischem Blut durchsetzten Stämmen Südrußlands, den Walachen und Serben der Balkangrenze gegenüber erwuchs ihnen das Bewußtsein des eigenen Wertes. Namentlich die Deutschrussen verleugnen in ihren neuen Siedelungen in Übersee nirgend die Erziehung zum nationalen Stolz, die ihnen das Leben unter halbzivilisierten Fremdvölkern hat angedeihen lassen. — Neben diesen wichtigsten Hemmungen und Begünstigungen völkischen Gedeihens kommt in zweiter Linie die Verbindung mit dem Mutterlande in Betracht. Je fester und enger die Fäden sich hinüber und herüber spinnen, um so zuverlässiger bleibt die Volkstreue der abgesplitterten Teile gewahrt. Und in der Beziehung liegen schwere Unterlassungssünden auf reichsdeutscher Seite vor. — Alle diese Erwägungen haben volle Geltung nur für geschlossene Siedlergruppen.

Unendlich viel schwieriger wird es für versprengte Einzelne, den Einwirkungen der fremden Umwelt zu widerstehen. Abhängige Existenzen, kleine Leute sind im Ausland national stets aufs äußerste gefährdet. Ihr Nachwuchs ist, ohne kirchliche Versorgung in der Muttersprache, ohne die Stütze einer das Volkstum hegenden Schule, rettungslos verloren. Das sind Beobachtungen, die man anstandslos verallgemeinern darf. Ungezählte Massen von Slawen sind nicht nur im Mittelalter, sondern bis in die Gegenwart hinein dem deutschen Volksgut zugeführt worden, die französischen Refugiés sind zu Tausenden mit dem Deutschtum verschmolzen, und jeder von uns wird in seinem Bekanntenkreise Kinder von in Deutschland heimisch gewordenen Ausländern finden, die als Deutsche heranwachsen.

Aber weisen die Deutschen nicht doch eine durchschnittlich geringere nationale Widerstandskraft auf, als Angehörige fremder Völker? Spricht dafür nicht die Tatsache, daß in den neueren Jahrhunderten das Deutschtum so außerordentlich große völkische Verluste erlitten hat? Die Frage ist mit Bezug auf Amerika bereits erörtert. Hier sei nur noch angemerkt, daß die Deutschen lange Zeit das stärkste Auswandererwolk waren. Nur England hat seine Söhne in ähnlichem Umfange in die Welt hinausgeschickt. — Man rühmt das sichere Selbstgefühl des Engländers. In der Tat verdient die Selbstverständlichkeit, mit der er seine nationale Eigenart durchsetzt und festhält, nacheifernde Bewunderung. Nur darf man nicht übersehen, daß die Engländer zum größten Teil nicht ins „Ausland" gingen, sondern in englische Kolonien, und daß, soweit sie auf fremden Boden übertraten, sie überall seit alter Zeit des starken Schutzes ihres Staates gewohnt waren. Politisch ist im übrigen die stärkste englische Auswanderermasse vom Mutterland geschieden. Manchmal gewinnt es den Anschein, als ob die Vereinigten Staaten zu England in ein ähnliches Verhältnis rücken könnten, wie einst Karthago zum phönizischen Stammland. Endlich könnte die vergleichende Abwägung der Volkstreue des Auslanddeutschen und des Auslandengländers erst nach Einführung der allgemeinen Wehrpflicht in England abschließend angestellt werden. Hinter dieser Bemerkung lauert kein schnöder Verdacht, der dem Auslandengländer eine geringere vaterländische Opferbereitschaft zutraut. Es soll nur scharf betont werden, daß bislang das Festhalten der Staatsangehörigkeit dem Briten lediglich Vorteile, ohne erschwerende Verpflichtungen einbrachte. — Bei alledem wird jede unbefangene Betrachtung einräumen, daß im Durchschnitt der Engländer einen kräftiger entwickelten Nationalsinn bekundete, als der Deutsche in früherer Zeit. Selbstsicherer nationaler Stolz war ihm durch seine Erziehung in anderer Weise eingeimpft, als gemeinhin dem Deutschen in vergangenen Tagen.

Was hier ausgeführt ist, will die Vorgänge unserer Geschichte erklären, nicht entschuldigen. Vor allem will es die Anklage vom Einzelnen abwenden und sie hinlenken auf den traurigen Zustand des Ganzen. Auf die politische Ohnmacht des alten Deutschen Reiches und auf die unerquicklichen Verhältnisse im Inneren der meisten Einzelstaaten. Die national oft schlaffe Haltung der Auslanddeutschen bot ein vergrößertes Spiegelbild der unbestrittenen und sattsam gewürdigten vaterländischen Verkümmerung daheim.

Ein strafferes Gefühl für nationale Ehre ist bei den Deutschen erst zum Durchbruch gekommen, seit mit der Aufrichtung eines starken und geachteten deutschen Staates dem deutschen Nationalbewußtsein wieder Ansporn, Kraft und Inhalt gegeben ward. Wer die Entwickelung des Auslanddeutschtums in dieser neuen Epoche verfolgt, der gewahrt allerorten ein wundervolles Erwachen aus nationalem Halbschlummer. Die aus der neuen Erhebung unseres Volkes entsprungene Steigerung des nationalen Selbstbewußtseins gibt sich ganz besonders nachdrücklich in unserem Auslanddeutschtum kund, das sich derzeit als ein ebenso feinfühliger Anzeiger — wie vordem des nationalen Tiefstandes — so jetzt des national aufstrebenden Gefühls erweist, gerade wie einst in den Tagen der mittelalterlichen Kaiserherrlichkeit. Heute fühlt auch der Auslanddeutsche sich stolz als Abkömmling einer Nation, an deren Leistungen niemand in der Welt achtlos vorübergehen kann.

Eines tritt dabei heute allerorten zutage, wo Deutsche in der Fremde sich zusammenfinden. In den großen Verkehrszentren Europas wie der Übersee, in Genua und Konstantinopel, in Buenos Aires und in Shanghai verwischt sich gleichermaßen die Unterscheidung zwischen Reichsdeutschen und Deutschen anderer Herkunft. Gleiche Sprache, gleiche Sitten, gleiche Kulturbedürfnisse führen in Kirche und Schule, in gemeinsamen gesellschaftlichen und Wohlfahrtseinrichtungen, wie in der Befriedigung des Bildungs- und Kunstgenusses alle Deutschen zusammen. Reichsdeutsche, Deutschösterreicher und Schweizerdeutsche verbrüdern sich in den vornehmen Klubs, wie in den zahlreichen Vereinen, die nirgends fehlen, wo Deutsche weilen, sie stützen und halten gemeinsam die deutschen Schulen, sie sorgen für hilfsbedürftige Landsleute, sie verfügen über eigene deutsche Zeitungen. Wir verzeichnen es mit Genugtuung, daß in neuester Zeit Nationalstolz und Einheitsgefühl der Auslanddeutschen in so erfreulicher Weise sich regen. Das Deutschtum erscheint als eine Einheit, in der der Herzschlag deutschen Lebens fühlbar ist.

Die Bedingungen, unter denen unsere „Menschenkolonien im Ausland" ihr Volkstum besser als in vergangenen Tagen wahren können, sind also gegeben. Darum dürfen wir doch nicht mit verschränkten Armen zusehen, wie das Schicksal unserer Volksgenossen draußen sich gestaltet. Wir fragen also zum Schluß, welche Möglichkeiten es gibt, die nationale Widerstandskraft des Auslanddeutschtums vom Reiche aus zu stärken? — Soweit der engere Kreis der im

Auslande weilenden Reichsangehörigen in Betracht kommt, ist ein bedeutsamer Schritt soeben mit der Neuregelung des Gesetzes über die Staatsangehörigkeit geschehen. Nach dem alten Gesetz ging der ausgewanderte Reichsdeutsche seiner deutschen Staatsangehörigkeit nach zehn Jahren automatisch verlustig, wofern er nicht lästige und unter Umständen schwer erfüllbare Förmlichkeiten erfüllte. Das alte Gesetz war ein letzter Rückstand der territorialgeschichtlichen Epoche und einer binnenländisch bestimmten Wirtschaftspolitik nach der beschränkten Losung: „Bleibe im Lande und nähre dich redlich", wobei dann die Vorstellung herrschte: wer fortgeht, der weckt den Verdacht, daß ihm daheim der Boden zu heiß geworden, und ob er draußen sich „redlich" ernährt, bleibt fraglich.

Die Zeiten sind vorüber, da wir den Deutschen, der in die Ferne zog, als halbverlorenen Sohn betrachteten, als einen Abtrünnigen, um den die Heimat sich nicht zu kümmern brauche. Die kleinstaatlichen Zustände, die solche Anschauung aufkommen ließen, liegen weit hinter uns. Aber aller Not ist mit dem neuen Gesetz nicht abgeholfen. Auch das neue Gesetz faßt für die dauernd Abwandernden mit klarem Blick die Entstaatlichung ins Auge; es läßt die doppelte Staatsangehörigkeit nur in sehr beschränktem Umfange als Ausnahmefall zu.

Unser Kolonialheld Karl Peters, dem niemand nationale Schlaffheit nachsagen wird, hat die Frage, ob die Deutschen sich im Ausland naturalisieren lassen sollen, im Hinblick auf die Union und auf Südafrika mit einem glatten „Ja" beantwortet. Er sagt: „Man muß vollwertiger Bürger sein, d. h. naturalisiert und stimmberechtigt, um sich und der alten wie der neuen Heimat nützen zu können." Das gilt wohl für alle als Regel, die endgültig der Heimat den Rücken gekehrt haben und in der Fremde bodenständig werden wollen. Daran will ja auch das neue Gesetz nichts ändern. Der ungeheure Gewinn erwächst den an Zahl wesentlich geringeren Auslanddeutschen, die sich wirtschaftlich und politisch von ihrem Vaterland gar nicht zu trennen gedenken, die hinausgehen, um wirtschaftlich und politisch im Dienste des Vaterlandes tätig zu sein. Die sollen uns nicht mehr, wie so vielfach bisher, verloren gehen können. Staatssekretär Delbrück sagte im Reichstag von den früheren Zuständen: „Selbst wenn die Regierungen damals den Willen gehabt hätten, diese über das Meer abwandernden Deutschen in Beziehung zum alten Va-

Gesetz über Erwerb und Verlust der Reichs- u. Staatsangehörigkeit 123

terland zu halten, würden sie nicht wohl in der Lage gewesen sein, diesen Wunsch wirksam zu betätigen. Sie waren nicht imstande, denen, die sich noch als Deutsche und als Angehörige ihres Heimatstaates in Deutschland fühlten, im Ausland den Schutz zu gewähren, der für sie die Zugehörigkeit zum alten Vaterland zu einem wertvollen Gut machte." Und er kennzeichnete den gegenwärtigen Zustand: „Wir sind heute, dank unserer entwickelten Konsulatseinrichtungen, dank unserer starken Flotte, in der Lage, diese Deutschen, die sich draußen als Deutsche fühlen, und die draußen sich eventuell auf den Schutz des Deutschen Reiches verlassen, im gegebenen Falle zu schützen." Das ist das Große und Neue. Mit gutem Recht durfte Delbrück das Gesetz „einen Markstein in der Entwickelung des Deutschen Reiches" nennen. Für die Reichsdeutschen im Ausland also dürfte gesorgt sein und es steht zugleich zu erwarten, daß in Zukunft ein größerer Teil als bisher das wertvoller gewordene Gut der Staatsangehörigkeit sich wahrt.

Was aber kann für die Millionen der anderen, der „Auchdeutschen" geschehen? Unmittelbar und mittelbar fließt auch ihnen mancher Vorteil zu. Unser Reich ist nach den Eingangsworten unserer Verfassung gegründet, nicht nur „zum Schutze des Bundesgebietes und des innerhalb desselben gültigen Rechtes", sondern auch „zur Pflege der Wohlfahrt des deutschen Volkes". Diese Verheißung braucht auch für das Auslanddeutschtum kein leerer Schall zu bleiben. Es wird, streng im Rahmen einer völkerrechtlich zulässigen Einwirkung, für das „Größere Deutschland" schon manches getan und es kann noch mehr getan werden. Das Reich stellt den Auswanderer unter seine fürsorgende Obhut. Es erleichtert wirksam die Überseeverbindungen. Das Reich hat ferner einen wachsenden Anteil an der Pflege der Auslandschulen auf sich genommen. Diese Schulen wirken anerkanntermaßen vortrefflich. Es sind Musteranstalten, die nicht nur die Erziehung des deutschen Nachwuchses in deutschem Geiste gewährleisten, sondern weit darüber hinaus dem Deutschtum Ansehen und Anerkennung gewinnen.

Regierung und Reichstag haben die Möglichkeit, über das bisher Geleistete noch hinauszugehen. Man wird in erster Linie an eine Erhöhung des Auslandschulfonds denken dürfen. Der Etatsposten ist vor kurzem unter vollster Einhelligkeit der Volksvertretung auf 1 000 000 Mark gebracht worden. Frankreich und Italien leisten sehr viel mehr für den gleichen Zweck. Eine weitere namhafte Steigerung des Etatstitels wäre von außerordentlichem Nutzen und dürfte im Reichstag auf bereitwilligste Zustimmung zu rechnen haben. Sicherlich bleibt noch manches andere zu wünschen. Einiges ist im Laufe der Erörterungen gestreift. Man darf vertrauen, daß mit der zunehmenden Erkenntnis der Bedeutung des Auslanddeutschtums den sich aufdrängenden Bedürfnissen mehr und mehr Genüge geschehen wird.

Das Beste leistet das Reich durch sein eigenes Dasein. Der Deutsche war mißachtet und verhöhnt in den Zeiten, da Deutschlands politischer Jammer für alle Welt offenkundig war. Je stolzer das Reich voranschreitet, je sicherer geordnet die inneren Verhältnisse sind, je kraftvoller und achtunggebietender sein Machtbau sich gestaltet, um so besser dient es allen Deutschen draußen. — Neben dem Staat hat die Kirche ein lebendiges Interesse und einen rühmlichen Anteil an der Pflege des Auslanddeutschtums. Die kirchliche Versorgung deutsch-protestantischer Auslandgemeinden durch unseren Oberkirchenrat, die gleichgerichteten Bemühungen protestantischer Vereine sowie die ebenso eifrige und hingebende Tätigkeit katholischer Verbände und Orden sind in nationaler Hinsicht auf das freudigste zu begrüßen. Was da in mannigfaltiger Weise von Staat und Kirche geschieht, das dient dem Auslanddeutschtum in seiner Gesamtheit. - Im übrigen braucht ein selbstbewußtes Volk nicht alles den amtlichen Kreisen in Staat und Kirche zu überlassen. Unser gutes deutsches Sprichwort: „Selbst ist der Mann" deutet stillschweigend an, daß wir auch ohne behördliche Anleitung das Unsere zu tun gehalten sind. Und hier eröffnet sich der Blick auf unsere großen nationalen Vereine, die, wie der Alldeutsche Verband, der Sprachverein, der Flottenverein, der Kolonialverein u. a. m. in breitem Ausmaß oder auf begrenzten Teilgebieten ihre Sorge dem Auslanddeutschtum zuwenden. Im umfassendsten Sinne widmet der „Verein für das Deutschtum im Auslande" sich den hier erwachsenden Aufgaben. Die organisierte Hilfe der Einzelnen kann und muß in unserem Volke noch sehr viel weitere Anteilnahme finden. Daß diese private Hilfeleistung sich gleichfalls in streng bemessenen Grenzen hält, ist selbstverständlich. Ihr fällt bei der Pflege deutscher Sprache und Kultur im Ausland die Arbeit im kleinen zu. Niemals kann es sich dabei um einen Eingriff in fremde staatliche Verhältnisse handeln.

Klar ist zu scheiden, was mit unseren Volksgenossen draußen

uns verbindet und was von ihnen uns trennt. Es bindet uns, was in natürlichem Drange zusammenstrebt: die Gemeinschaft des Blutes, der angestammten Sprache und Sitte. Es trennt uns: die Zugehörigkeit zu verschiedenen staatlichen Machtgebilden, deren jedes seinen eigenen Schwerpunkt in sich trägt. Auf die kürzeste Formel gebracht, stehen hier Vaterland und Muttersprache in Frage. Das erste Losungswort umfaßt die Pflichten gegen den Staat, unter dessen schützender Hut der Einzelne steht. Das zweite deutet auf die Schätze an Gesittung und Bildung, auf die jeder Deutschgeborene einen Erbanspruch hat. Für die Mehrzahl der Deutschen in Deutschösterreich und der deutschen Schweiz gibt es im Hinblick auf diese Doppellosung keinen Zwiespalt des Empfindens. Sie wohnen auf deutschem Boden, so gut wie die Deutschen im Reich. Wo in fremder Umwelt dem Deutschen die Wahrung seines völkischen Erbes erschwert wird, da ist es unser Recht und unsere Pflicht, helfend beizuspringen. Gerade der Auslanddeutsche hat es hundertmal bewährt, daß er Staatstreue und Volksliebe in einer neuen Einheit zu verbinden weiß. Und so mag er — unbeschadet der Hingabe an das politische Gemeinwesen, dem er eingegliedert ist, festhalten, was die sprachliche und geistige Gemeinschaft mit dem ganzen großen deutschen Volk an unersetzlichen Werten ihm sichert. Das kränkt kein fremdes Recht, es hebt und stärkt die Stellung des Deutschtums in der Welt und wirkt in seiner Weise als eine die Weltgesittung veredelnde Grundkraft.

Literatur.

Wilhelm Stricker, Die Verbreitung des deutschen Volkes über die Erde. Gust. Mayer, Leipzig 1845.

Germania, Archiv zur Kenntnis des deutschen Elements in allen Ländern der Erde. Im Verein mit Mehreren hrsg. von Wilhelm Stricker. I—III. H. L. Brönner, Frankfurt a. M. 1847—1850.

Richard Boeckh, Der Deutschen Volkszahl und Sprachgebiet in den europäischen Staaten. Eine statistische Untersuchung. J. Guttentag, Berlin 1869.

Karl Lamprecht, Entwickelung des deutschen Volksgebiets, vornehmlich außerhalb des Reichs, Auswanderung, deutsche Interessen auf außerdeutschem Gebiet. Moderne Expansion, Kolonial- und Weltpolitik in: Deutsche Geschichte, 2. Ergänzungsbd., 2. Hlfte. S. 460—740. H. Heyfelder, Freiburg i. Br. 1904.

Handbuch des Deutschtums im Ausland. Hrsg. vom Verein für das Deutschtum im Ausland. (Allg. deutsch. Schulverein.) 2. Aufl. Dietrich Reimer (Ernst Vohsen), Berlin 1906.

Ernst Hasse, Deutsche Politik. J. F. Lehmann, München.
  I. Bd. 1. Heft. Das Deutsche Reich als Nationalstaat. 1905.
      2. „ Die Besiedelung des deutschen Volksbodens. 1905.
      3. „ Deutsche Grenzpolitik. 1906.
      4. „ Die Zukunft des deutschen Volkstums. 1907.
  II. „ 1. „ Weltpolitik, Imperialismus u. Kolonialpolitik. 1908.

Alfred Geiser, Deutsches Reich u. Volk. 2. Aufl. J. F. Lehmann, Münch. 1910.

E. Hauptmann, Nationale Erdkunde. 2. Aufl. Fr. Bull, Straßburg i. E. 1911.

Paul Rohrbach, Der deutsche Gedanke in der Welt. K. R. Langewiesche, Düsseldorf u. Leipzig 1912.

Deutsche Erde, Zeitschrift für Deutschkunde. Hrsg. v. Paul Langhans. Just. Perthes, Gotha. Seit 1902.

Das Deutschtum im Ausland, Vierteljahrshefte d. Vereins für d. Deutschtum im Ausland. H. Hillger, Berlin. Seit 1909.

Justus Perthes' Aldeutscher Atlas bearbeitet v. Paul Langhans (mit sorgfältigen statistischen Übersichten über das Auslanddeutschtum). 3. Aufl. Gotha 1905.

Inhalt.

	Seite
Vorwort	III
Das Deutschtum in den vom neuen Reich getrennten ehemaligen Reichslanden	1
Die Niederlande. Holland 2. — Belgien 6. — Luxemburg 9. — Die Schweiz 11. — Die deutsche Frage in Österreich 18.	
Das Deuschtum in der Zerstreuung. Deutsche Diaspora in Europa.	34
Ungarn 36. — Rußland 47. — Das übrige Europa 58.	
Das Deutschtum in Übersee.	61
Deutsche Überseewanderung 61. — Ver. Staaten von Amerika 64. — Mittel- und Südamerika 79. — Englische Siedlungskolonien 93. — Die deutsche Geschäftswelt in den englischen Kolonien 100. — Der nahe Orient 101. — Der ferne Orient 103. — Die übrige Welt 107.	
Die Weltstellung des neuen Deutschen Reiches	108
Reichsdeutsche und Auslanddeutsche	113
Bedingungen und Möglichkeiten der nationalen Erhaltung des Auslanddeutschtums	117
Literatur.	126